组织学习力

让组织能力跟上战略要求

张立志 著

图书在版编目（CIP）数据

组织学习力：让组织能力跟上战略要求 / 张立志著 . -- 北京：机械工业出版社，2023.1（2024.1 重印）
ISBN 978-7-111-72053-9

I. ① 组… II. ① 张… III. ① 组织管理学 IV. ① C936

中国版本图书馆 CIP 数据核字（2022）第 216203 号

组织学习力：让组织能力跟上战略要求

出版发行：机械工业出版社（北京市西城区百万庄大街 22 号　邮政编码：100037）

策划编辑：华　蕾　　　　　　　　　　　责任编辑：华　蕾　刘　静
责任校对：龚思文　李　婷　　　　　　　责任印制：常天培
版　　次：2024 年 1 月第 1 版第 2 次印刷
开　　本：170mm×230mm　1/16　　　　印　　刷：固安县铭成印刷有限公司
书　　号：ISBN 978-7-111-72053-9　　　印　　张：13.75
　　　　　　　　　　　　　　　　　　　　定　　价：69.00 元

客服电话：（010）88361066　68326294

版权所有・侵权必究
封底无防伪标均为盗版

PREFACE ◀ 自　序

　　谈到学习，大部分人会想到个体的学习场景，譬如看书、听课、写作业，而很少有人会直接联想到组织层面的学习场景。企业习惯性地将"学习"这一职能划归至人力资源部或单独的培训部门，最终可能的结果是将其简化为"员工培训"这一职能。

　　我最早研究"学习"这一话题也是基于人力资源的视角，将其作为人才培养的一种手段，但从大量实际企业案例研究的结果来看，仅从人力资源视角推动"学习"的效果并不尽如人意。究其原因，人力资源部（或培训部门）能够改变的往往是被纳入人才发展计划的个体，思考和设计的是围绕部分个体或群体的学习活动，甚至是仅组织几次培训课程；而能够从组织整体视角分析和解决问题的从业者凤毛麟角。这不能归咎于人力资源部门，毕竟它仅是一个职能部门，其工作视角、影响力和职权范围限制了它向组织学习的整体跨越。

组织学习力与组织对于"学习"的定位有关,从学习层面,可以分为个体、群体和组织三个层次,事实是组织过多关注了个体学习,部分关注到群体学习,而极个别的组织才会关注到组织学习。但不管我们是否关注到,组织学习一直存在,组织在成长过程中一直伴随着学习的发生,这表现为组织文化、管理理念、业务模式、运营能力、人才密度等各方面的发展,因此任何组织都会学习,差异在于是否将其作为一项能力来打造。组织有意识地更敏捷地去应对外部剧变,持续提升整体能力,这种不断进化的能力就是学习能力,我们可以称其为"元能力",这是能力之下的能力。较强的组织学习力是优秀企业的鲜明特征之一,因此,我们需要将学习力的打造提升到组织整体高度,将其作为整个组织的关键事项加以重视,倾注精力,即不管我们是否关注,组织一直在学习,如果不予关注,组织学习会处于一种无意识状态,体现为:

对外,被动应对外部变化,应对竞争对手的市场竞争,缺乏对竞争对手内在组织能力和经验的深度研究;闭门造车,缺乏对外部优秀经验的学习和输入。

对内,过于依仗优秀个体的能力,不能将个体经验沉淀为组织能力,对于组织能力的打造缺乏重视和投入。

而学习能力强的组织,高管自身注重学习和进化,对外,企业会根据自身发展的需要,如饥似渴地学习优秀经验,并在内部推动落地实践;对内,管理层会投入时间和精力打造组织能力,在学习上加大投入,将能力构建在组织之上,并会关注员工尤其是关键人才的成长和发展。

组织需要构建多种能力，包括战略、运营、市场、研发、数字化等，但未来也要将学习作为一项能力，甚至是一项基础能力来构建。这包括打造组织学习氛围，将组织构建成一个开放的、具有包容度的、推崇创新的和敏捷的系统。同时，坚持"以事修人"的原则，在从制定战略到执行计划的过程中，不仅要关注问题的解决、绩效的达成，还要关注在日常工作中锻炼员工的能力，在打仗中沉淀打胜仗的能力。

组织的管理者要重视对外和对内两个学习通道，很多时候组织内部的盲区可能是其他组织的常识，内部解决不了的问题，外部可能就有答案，但要擅长将他人的优秀经验转化为组织的能力；同时，"百步之内必有老师"，组织之内也有大量的优秀经验，不要浪费它们，要将这些组织内部的优秀经验转化成系统化的方法和工具，成为组织的基因。

需要说明的是，"学习"两个字中，学为输入，习为转化。我们不能仅关注知识的输入而忽视了刻意练习，组织学习更要做到"知行合一"。

本书希望基于"组织学习"这个话题，从实践出发，构建一套提升组织学习力的方法论。

本书的结构如下图所示。

组织学习氛围		
学习型文化	学习型领导	学习型场域
坚定追求 开放系统 成长型思维 容错机制 沉淀方法	群体向外学习象限 群体向内学习象限 个体向外学习象限 个体向内学习象限	两类学习动机 三维学习环境 组织学习五原则

团队共学方法 (团队进步=1.0版本 × 刻意练习 × 复盘迭代)		
知	行	思
知识体系的意义 知识体系三特征 构建体系两方法	练习要行为化 练习要目标化 练习要场域化	向上问 向后问 横向问 向下问

组织学习方法（组织学习四象限）			
萃取象限	复制象限	内化象限	探索象限
定主题 找金矿 深挖矿 建结构 做细化	以考代学 以赛促训 训战结合 导师传承	五定 二推 一萃	准备阶段 共创阶段 行动阶段 收割阶段

本书从组织学习氛围、团队共学方法、组织学习方法三个篇章展开。

在第一篇我们将组织学习氛围分为学习型文化、学习型领导和学习型场域三个部分，首先从文化视角解析哪些组织特征会影响组织学习力的强弱；其次分析领导者尤其是创始人和高管如何以身作则起到表率作用，并推动组织学习；最后提出学习场的概念，阐述如何为员工成长打造一个充满强能量的场域。

团队共学是组织学习的基础，第二篇将团队共学方法拆解为"知-行-思"学习环，分别阐述在团队中如何构建知识体系，增加知识输入，如何通过刻意练习将知识转化为团队生产力，以及如何促进团队的深入思考和复盘迭代，持续打造团队能力。

基于"事进人出""组织学习要解决问题"的原则，第三篇在第二篇介绍的团队共学方法论的基础上，基于组织战略和业务发展需要，将组织面临的问题分成四个象限，每个象限匹配组织学习的方法，在解决组织问题中提升组织能力。

期待本书能引发读者对于组织学习力这一课题的重视，并给你所在组织提升学习力带来启发。

目 录 ◂ CONTENTS

自序

第一篇　组织学习氛围
打造组织学习场

第一章　学习型文化：组织持续成长的五大特征　/ 4

一、坚定追求，组织成长的内驱力　/ 5

二、开放系统，向世界吸收成长能量　/ 8

三、成长型思维，思维决定行为　/ 12

四、容错机制，组织成长的制度保障　/ 16

五、沉淀方法，将能力构建在组织之上　/ 18

练习工具　/ 21

第二章　学习型领导者：创始人和高管需提升学习力　/ 23

一、学习力是领导者必须具备的底层素质　/ 23

二、领导者高效学习的四个原则　/ 26

三、领导者高效学习的四种方式　/ 27

练习工具　/ 35

第三章　学习型场域：让组织成为一所大学　/ 37

一、学习动机：激发内外动机　/ 40

二、学习环境：三个维度着手　/ 42

三、学习方法：组织学习五原则　/ 46

练习工具　/ 53

第一篇小结　/ 53

第二篇　团队共学方法
追求群智涌现而非孤芳自赏

第四章　知：让优秀经验形成体系并流动起来　/ 58

一、为什么要构建团队知识体系　/ 59

二、要构建什么样的团队知识体系　/ 62

三、如何构建团队知识体系　/ 64

练习工具　/ 69

第五章　行：如何让团队产生行为改变　/ 70

一、练习要行为化　/ 71

二、练习要目标化　/ 74

三、练习要场域化 / 78

练习工具 / 84

第六章 思：用提问引发团队进行深度思考与达成共识 / 85

一、提问是领导者的重要能力 / 86

二、向上问，聚焦目标，达成共识 / 89

三、向后问，深挖问题背后的原因 / 93

四、横向问，跳出思维的框架，找到更多可能性 / 96

五、向下问，将解决方案落地为实际行动 / 102

六、复盘，促进在工作中的深度反思 / 103

练习工具 / 107

第二篇小结 / 107

第三篇 组织学习方法
将能力构建在组织之上

第七章 萃取象限：创造组织知识财富 / 116

一、知识萃取，让经验不再浪费 / 117

二、从挖宝到成册的三字诀 / 121

三、知识萃取后的落地和迭代 / 133

四、通过机制让知识流动起来 / 135

练习工具 / 140

第八章 复制象限：加速知识的传播和落地 / 141

一、以考代学：考试是一种有效的学习方法 / 142

二、以赛促训：短时间内提升训练强度 / 144

三、训战结合：仗怎么打，兵怎么练 / 146

四、导师传承：让优秀复制优秀 / 148

练习工具 / 156

第九章　内化象限：让外部知识为我所用 / 157

一、向外学习的四个层次 / 158

二、向外学习失败的五个原因 / 160

三、内化学习八步骤 / 170

练习工具 / 180

第十章　探索象限：用已知路径解决未知问题 / 182

一、行动学习是有效的组织学习方式 / 183

二、从六要素看行动学习的价值 / 186

三、用四个阶段解决探索象限问题 / 189

练习工具 / 202

第三篇小结 / 203

本书整体框架 / 205

PART 1 ◀ 第一篇

组织学习氛围
打造组织学习场

管理大师阿里·德赫斯曾说："比你的竞争对手更快学习的能力，或许是唯一可持续的竞争优势。"外部环境变化加剧，提升学习能力日益成为组织的一项迫切任务。

那么，什么是组织学习力？

我们首先探讨下什么是个体学习，个体学习往往表现为通过观察、交流、读书、反思、实践、体验等活动带来认知、思维和行为的改变，是一个人的成长过程。

而什么是组织呢？美国管理学家切斯特·巴纳德[一]认为，组织是人们寻求合作的一个自然的结果。人们为了突破个人在"资源和能力"上的限制，追求更好或更高的目标，会自然而然地选择合作的途径，建立协同关系。当这种协同关系有了"共同的目标"和"社会性协调规则"时，协同关系就逐渐稳定下来，转变为稳定的协同体系，这就是"正式组织"。

因此，组织能力不仅仅表现为个体能力的加总，更是通过文化、制度、流程、技术、设备等途径将个体能力黏合并放大，不断驱动业务增长，满足社会发展的需要。

组织学习可以表现为组织通过各种学习和探索活动来提升个体、团队和组织的能力，目的是实现企业发展。需要提醒的是，提到学习，很多人往往认为是听课或者读书，但在组织中还有很多非正式的学习方式，包括不限于工作研讨、经验分享、业务复盘、导师辅导、在岗实践、自我反思等。

我们也要清晰地认识到某个个体的成长未必能带来整个组织的成长，但一个充满学习氛围的组织会加速个体的成长，因为个体会受到周

[一] 来自《组织与管理》。

围环境的影响。在第一篇我们将组织学习氛围分为学习型文化、学习型领导和学习型场域三个部分,其中第一章从文化角度解析哪些组织特征会影响组织学习力的强弱;第二章分析领导者尤其是创始人和公司高管(高级管理人员)如何以身作则起到学习的表率作用,并推动组织学习;第三章提出学习场的概念,介绍如何为员工成长打造一个充满强能量的场域。

第一章 ◀ CHAPTER 1

学习型文化
组织持续成长的五大特征

张瑞敏说,"没有成功的企业,只有时代的企业"。海尔自1984年创立至今,其发展战略经过了5次转型,每次转型都踏准了时代的节拍,从最早的名牌战略到多元化战略,再到国际化战略、生态品牌战略,管理模式也从管控型模式到现在的人单合一模式,其根本原因并不是其洞察市场趋势应变的能力,更关键的是海尔整个组织在持续成长。㊀

那么持续成长的组织有哪些文化特质呢?

㊀ 来自《中国经营报》2020年1月4日文章《六次转身 解码家电巨头海尔35年成长秘籍》。

一、坚定追求，组织成长的内驱力

学习型组织的提出者彼得·圣吉在其经典书籍《第五项修炼》一书中提出了创新性张力的概念，是指"组织的愿景与现状之间的差距"，而这样的差距会形成一种创造力，把人们朝向愿景拉动，说明了团队构建共同愿景、拥有共同追求的重要性。共同追求是整个组织内驱力的来源，缺乏强劲内驱力的组织和团队，很容易进入求稳状态，也就缺乏持续提升能力的动力。

通常而言，在企业初创期，往往是抓住了某个未被满足的市场需求，或者是创始人具备别人不具有的能力或资源，很少有企业在这个阶段提出气壮山河的使命和愿景。但随着企业成功地从试验期进入成长期，员工规模不断增加，所服务的客户数量也不断增长，这时候企业已不再满足于生存的需求，开始寻找或固化其更高的追求，为了更高的社会和人类需求而努力。创始人必须明确以下问题：企业在为谁解决难题？企业存在的意义和价值是什么？世界会因为有了这家企业而有什么不同？

彼得·德鲁克有一句很经典、很犀利的话："What's your business?(你是做什么的?)"经常有企业家去拜访德鲁克，希望他能指点迷津，德鲁克问的第一个问题就是："What's your business?"这个问题初听上去很"天真"，一个人怎么会不知道自己是做什么的呢？不过对这个问题的思考越深入，就越会发现这个看似简单的问题其实一点也不简单！为什么这么说呢？这个问题其实是对商业本质的思考：**你提供的到底是什么价值？**通过企业家对这个问题的回答，往往能看出他的视野和格局。近几年很多企业越来越重视企业文化建设，主要包括愿景、使命、价值观这三个要素，这既是组织能力建设的源头，也是激发员工动力，实现"力出一孔"的基础。

愿景是对组织前景和未来发展方向的高度概括，是一个长远的目标。愿景可以促进整个组织内的员工朝着共同的方向发展，给员工以清晰的方向和笃定的力量；而使命则定义了一家企业为什么存在，以及这个世界会因为有了这家企业而有什么不同。使命唤起了员工工作动力之源头，赋予了员工工作的意义和能量。

私人董事会（简称"私董会"）教练陈雪频有一个形象的比喻，愿景就像一艘轮船的海航地图，决定企业的目标和方向，而使命则是这艘轮船的引擎和尾舵，决定企业的驱动力。所以愿景是更长远的基于水平的时间累积的思考维度，而使命是更深的、纵向的在每一个时刻集聚能量的维度，促进员工能量同频，从而唤起当下的力量（见图1-1）。价值观是衡量员工行为有效性的标准，它反映了员工对于事物的排序和取舍。

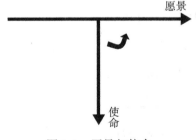

图 1-1　愿景与使命

如果管理者不能清晰描述以上要素，不能坚定自己的使命和愿景，对于价值观做不到以身作则，就会造成组织松散，方向不明，组织成员劲不往一处使，这是组织缺乏成长动力的核心原因。同理，如果高管层对以上内容达不成共识，那也很难形成整个组织的同频共振。

微软创始人比尔·盖茨为微软确定的使命是：让每个家庭的每张桌子上都有一台电脑。这一使命一度令微软固执于以 Windows 操作系统为中心，错失在搜索、社交网络和移动互联网领域内的创新机会，因此迅速落后于苹果、谷歌、亚马逊、Facebook（2021 年改名为 Meta）等竞争对手。加之，企业内部并不团结，微软的未来十分令人担忧。

萨提亚·纳德拉在 2014 年接任微软 CEO（首席执行官）时，正面临着这样一个局面。上任后，萨提亚·纳德拉做的第一件事就是要求公司的所有高管都去阅读马歇尔·卢森堡的《非暴力沟通》这本书，纳德拉希望通过谈话和聆听，结束企业内部无休止的斗争，使公司各个部门和谐相处。其实这个和谐相处不是我们常说的一团和气，而是让组织能够在使命上达成共识，有效协同。

纳德拉在接受采访时说："还不到那个 10 年的末期，我们就差不多完成了（比尔·盖茨提出的）这一使命。""那么接下来呢？下一个使命是什么？这就是让我感觉我们在使命的营销口号上可能存在混乱（没有共识）的地方。这就是为何我想找回这一使命感。"[⊖]他表示，经过一段时间的讨论和思考，当前微软在新使命的认知上达成了共识，即"予力全球每一人、每一组织，成就不凡"。

⊖ 来自 https://www.21ic.com/news/ce/201808/810181.htm。

在这个案例中，我们会发现微软最早的使命更像是愿景，但这个愿景早已实现，按照彼得·圣吉提出的创造性张力概念，整个组织已经没有了创造性张力，所以纳德拉上任后的第一件事就是刷新组织使命。

其实，具体每一个团队也要基于组织的使命、愿景、价值观设定自己团队的使命，我曾到腾讯学习交流，发现其 HR 部门的员工都会在自己的名片上印制自己部门的使命，清晰界定组织中的每个成员可以为组织中的其他伙伴提供什么服务。早期万科的人力资源管理部门的使命不是维护公司人力资源管理体系的完善性，而是要成为公司迈向千亿元规模的最佳业务伙伴。我在国药大学（国药集团内部企业大学，已更名为国药创新发展研究院）时，国药大学很早（2011 年）就确定了整个团队的使命：做有影响力的推动者。现在想想国药大学取得的很多成绩都与坚定地践行这个使命有强烈的关系。直到现在这句话还影响着我的工作和生活。

二、开放系统，向世界吸收成长能量

鲁道夫·克劳修斯发现热力学第二定律时，定义了熵，用以度量一个系统"内在的混乱程度"。在自然社会中，任何时候热量都是从高温自动向低温转移的。在一个封闭系统中最终会达到热平衡，没有了温差，再不能做功。这个过程叫熵增，最后的状态就是熵死，也称热寂。其实简而言之，熵增就是一个系统无序度增加的过程，如图 1-2 所示。

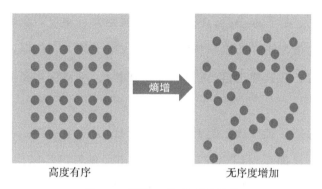

图 1-2 熵增：从有序到无序

物理学家发现，当一个系统是开放系统时，就能形成负熵流，从而对抗熵增。比如，生命有机体不断进行的新陈代谢（如吃、喝、呼吸、运动等活动），就是一个对抗熵增的过程。这也是为什么薛定谔会说"生命以负熵为生"。

一个封闭的系统是一个熵增的系统。中国自改革开放以来，加大开放力度是促进经济发展的关键战略，所以中国应对美国打压的方法应该是更加开放，而不是"脱钩"。在受到美国打压时，华为创始人任正非反而鼓励大家要多和美国合作，多向美国学习。

伴随着企业的发展壮大，可能会出现熵增。所谓的大企业病正是熵增的结果，也就是混乱、无序、内耗、习得性无助，对存在的问题视而不见或者无能为力。因为管理学大师彼得·德鲁克说："**管理要做的事只有一件，就是对抗熵增。**"

而应对熵增的最有效方法就是保持系统的开放。马化腾在给腾讯开放平台合作伙伴的公开信《灰度法则的七个维度》中提到，"互联网的一个美妙之处就在于，把更多人更大范围地卷入协作。我们也可以感受到，越多人参与，网络的价值就越大，用户需求越能得到满足，每一个参与协作的组织从中获取的收益也越大。所以，适当的灰度还意味着，在聚焦于自己核心价值的同时，尽量深化和扩大社会化协作"。

如何保持系统开放？笔者认为可以归结为四个层面：

第一个层面是对用户开放。小米的市场份额已经跃居全球第二，其成功的一大关键就是让用户参与到产品设计中来。能够及时捕捉到用户需求的变化，发现用户使用场景中的痛点，欢迎用户对产品提意见，这些都是开放的表现。张瑞敏在海尔推出了开放式创新的理念，要求让用户参与前端设计，共同开发产品。在字节跳动，管理团队经常去做用户调研，并且常去三、四线城市调研，比如酒泉、庆阳，或者去新开发的市场，比如德里、伦敦。挑选的这些地方，都是管理团队不太了解的。除了计划好的用户访谈，管理团队还会做街访，找机会和当地人交流，了解他们的生活和一些科技产品的使用情况。

第二个层面是对生态链开放。未来更多组织会选择成为生态链中的一个环节，对外开放赋能，比如企业微信的开放就是向企业开放；"钉钉"要向用户和开发者开放；"得到"向知识工作者开放。

第三个层面是对内部不同意见开放。熵增也会表现为组织内部有大量不同的意见，那么组织是否允许不同意见的存在，是否要让这些意见表达出来呢？华为的心声社区给出了答案。在知乎上有人这样描述它：因为这是任正非开的"罗马广场"，将原来的天涯社区搬到公司内，允许匿名的社区，而且这个匿名制执行得非常彻底，任何人（包括高管）想去了解"马甲"背后的真实身份，必须经过任正非本人的批准（这样谁也不敢去问了）。匿名制的存在，使心声社区成为员工宣泄负能量的地方。员工可以不用担心被报复而发出真实的声音，甚至可以骂任正非本人。因此心声社区的吐槽虽多，但有大量是情绪宣泄，而非事实。不过任何事物都有积极的一面，心声社区除了"愤青"吐槽，里面也有很多好的文章和评论，也宣扬了正能量，为公司发展献计献策。任正非经常把自己的文章先发到这里，让员工"吐口水"。最近两年比较好的地方是，越来越多人选择实名发帖和回帖了。

第四个层面是对人才开放。组织是否会引进不同类型不同风格的人才呢？以前很多大学尤其是重点大学里的老师往往是由本校毕业的博士生担任，结果是"近亲繁殖"，缺乏新思想、新观点。近年来，各高校重视引进其他高校的博士毕业生尤其是"海归"博士，海纳百川，让科研与创新欣欣向荣。企业里也是，一定范围的人才流动是保持组织充满活力的重要方式，企业不希望也不主张大量的人才外流，但要让人才有内部的流动通道，包括晋升，也包括轮岗，这在很多成熟的组织内是必需的人才培养方式。同时，企业也要吸引外部优秀人才加入，如果中高管与骨干人才均为本公司培养，缺乏新鲜血液的注入，其结果可能是思维受限，机制僵化，创新性不足。

当然，最为关键的是保持开放姿态。安踏创始人丁世忠认为，好企业最重要的共性特征就是"开放"。"开放"既是一种思维，也是一种能力，更是一种格局。"开放"是对世界的认知，一切改变都是来自对世界的认知。"开放"的核心是要打开格局与视野，放下自己的身段，向优秀的人、优秀的企业学习；同时能够接受新鲜的理念与新鲜的事物，对各种新事物保持极度的好奇心。要坚持"开放"的价值观，研究如何从"好"到"更好"再到"卓越"，以开放姿态向外部学、向对手学、跨行业学、终身学。

三、成长型思维，思维决定行为

美团创始人王兴 2012 年 2 月 19 日在微博上讲述过这样一段经历："上周五开会时一个年轻同事的一句话至今回荡在我耳边。当时大概是晚上 12 点，讨论接近尾声，需要有人整理会议记录，涉及流程图的部分用 visio（一种计算机绘图软件）画比较好，我问她会用 visio 吗，她毫不犹豫地说'我可以学'。这四个简单的字里有无穷的力量。"后来，"我不会，但我可以学"成了美团员工的口头禅。其实这几个字就是成长型思维的典型表现。

《终身成长》一书中将人的思维模式分为固定型思维和成长型思维，如图 1-3 所示。

固定型思维	成长型思维
• 习惯找外部原因 • 容易得到结论，难以发现事物的其他可能性 • 习惯找理由给自己开脱 • 经常局限于现状而不是目标 • 可能会安于现状而不突破	• 相信问题总有解决的办法 • 寻找机会而不是受限于原因 • 找自己可以改变的行为而不是归咎于外部原因 • 向前看，向目标看 • 面对问题，找方法而不是下结论

图 1-3 两种思维模式对比

《改变提问，改变人生》一书中提到了另外一对意思相近的模式，分别是评判者模式和学习者模式，笔者认为评判者模式也可以称为证明模式。比如在开会时，有人总是极力证明自己的方案的可行性而不去思考他人提出建议的合理性，这就是证明模式；在工作中极力证明自己的成就，但总是带着质疑的眼光评判他人的工作成果，缺乏鼓励和肯定，这就是评判者模式。学习者模式是将学习和成长作为根本目的，而不纠结于暂时的成功或失败，最为关键的是我们如何在过往的工作中学到经验，能否在研讨中找到更好的解决方案，所以其视角是面向未来的，是面向改进的。

在邓宁-克鲁格成长认知曲线中（见图1-4），人的自满或自我保护状态就是愚昧山峰，这样的状态往往让人陷入固定型思维和证明模式。因此，王兴的创业搭档王慧文曾说，管理者的担当是恰当地把下属从愚昧山峰推向绝望之谷。其实就是要帮助员工从固定型思维转化为成长型思维，知不足而后学。

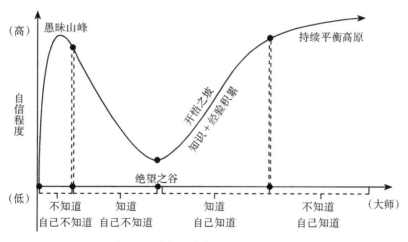

图1-4　邓宁-克鲁格成长认知曲线

固定型思维和评判者模式是在边界之内的证明和竞争，将思维和眼界固定在边界之内而不去突破，在边界内争夺资源和他人的认可，甚至利益；而成长型思维追求的是突破边界，包括视野的边界、能力的边界、增长的边界。

因此，拥有成长型思维的人就是经常处于学习者模式的人。什么样的组织才是成长型思维的组织？组织要看到更大的未来、拥抱变化、在挑战中看到机会；部门和员工应更多地聚焦成长而非证明自己。

微软曾有一个口号，"在聪明人中寻找最聪明者"。这就导致了绝大部分员工最重要的任务是证明自己是办公室里、会议场上最聪明的那个人。如果工作中出了问题，那就是自己能力不行。这就导致团队里没有人愿意承担责任，也没有人愿意去挑战和创新，因为万一失败了，不是就说明自己不聪明了吗？

纳德拉在 2014 年担任微软 CEO 后给每个高管送了一本《终身成长》，书中大量的案例展示了不同思维模式给人们带来的不同行为和结果，对照这些案例，大部分高管们可以觉察并接受这一事实：微软以及他们自身都有固定型思维，而且很严重。纳德拉还鼓励微软所有员工都用成长的心态去面对工作和生活。他对员工有这样一个要求，也是对自己的要求——"我们每天问一下自己：今天在哪些方面保持了固定型思维，在哪些方面保持了成长型思维？"

当时微软的员工都认为自己很优秀，不重视用户的需求和意见。纳德拉要求员工和用户交流时要带着好奇心和同理心去倾听，充分了解并解决用户的需求。同时鼓励员工向外界学习，并将学到的知识带回微软。纳德拉号召微软 12 万名员工，都能拥抱"无所不学"（Learn it all.)的文化，都要具有成长心态，这也帮助微软获得了新生。

在有些组织中，管理者会设计一些激发团队成员间进行竞争的考核激励规则，比如绩效排名、业绩比拼、末位淘汰等，让团队成员于无形中形成了竞争关系，这样会很容易让员工形成证明模式，急于在团队中证明自己的能力和价值，从而容易忽视他人的优点，最终导致团队内卷严重。

成长型思维追求的不仅是单方面的成长，更是互利共赢。企业间的最佳竞争状态是"没有竞争"，就是每个企业都能在行业中找到自己的生态位，满足用户需求，与合作伙伴一道做大蛋糕而非抢蛋糕。团队更是如此，团队本身就是要互相补位协同作战，为"客户"创造价值。

微软早先的末位淘汰考核制度，直接导致员工只注重个人绩效，相互竞争而不合作。为了建立成长型思维，打破原有的僵化文化，纳德拉实施的新考核方案不仅考察员工个人的工作，还考量员工之间如何协作，如何让自己的工作成果为他人所用，这给予了员工更多的合作、交流的机会。这样，考核从之前的强调单个组织和个人，变为强调整体和团队，促使员工们相互合作，相互学习，共享成果。这为新理念的实施打下了良好的基础。

曾经带领 IBM 实现成功转型的郭士纳同样注重团队合作，他辞退了那些喜欢玩弄权术、热衷于钩心斗角的员工，奖励那些喜欢帮助同事相互协作的员工。他力图打造一个团结的 IBM，而不是"山头林立"的 IBM，在分配高管奖金时，更多的是依据 IBM 的整体表现，而非小团体的表现。他想告诉所有员工：IBM 不需要少数个体的加冕称王，而是希望团队协作。

最后，可以评估一下你所在的组织是否具有成长型思维？

四、容错机制，组织成长的制度保障

在企业发展过程中，推出一项创新举措或业务之前，我们无法准确判断其成功的概率，往往尝试过才知道结果，用结果来判断。任何一次创新的成功可能都是建立在 n 个小错误（甚至是大错误）的基础上，正如《反脆弱》中提及的整体的反脆弱能力是建立在子系统的脆弱之上。

我们都看到了微信的成功，其实在腾讯内部，先后有几个团队都在同时研发基于手机的通信软件，每个团队的设计理念和实现方式都不一样，最后微信受到了更多用户的青睐。

如果一个组织不能容错，也就意味着封闭和保守，意味着没有人敢尝试。因为"做得多，错得多，被骂得多"。最安全的工作方式变成了：一切听领导的，一切按照以前的做法。在这样的企业里，创新的基因被扼杀，追求进步的员工很可能会大量流失，他们不接受按部就班的工作模式，他们希望给这个世界带来不一样的东西。

自 2004 年以来，谷歌一直实施"20% 自主创新时间"的制度，谷歌工程师可以把 20% 的时间投入自主创建的项目。谷歌的广告业务、邮箱服务、地图、新闻等创收较高的产品都是来自这 20% 的时间；当然很多人记得谷歌曾推出过智能眼镜，这款产品被认为是继智能手机后最为优秀的产品，但最终还是失败了。

亚马逊的 Fire 手机业务损失了 1.7 亿美元，以失败告终，不是每家公司都能承受这样的失败，但是对于任何想获得发展的公司来说，有一个基本的原则：只有允许失败，才能激发创新。

错误和失败并不可怕，最关键的是我们对待失败的态度。有很多企业高管认为，如果容忍失败，失败可能会呈倍数级增加。犯错是需要被追责的，他们认为，如果不对犯错追责，最终会培养出一种"失败也无所谓"的文化。

《像火箭科学家一样思考：将不可能变为可能》一书中讲到了这样一项研究：

1995 年的一项研究发现，每一位住院病人的用药错误次数达到了 1.4 次。在这些错误中，大概有 1% 的病人得了并发症，身体受到伤害。

哈佛商学院教授艾米·埃德蒙森（Amy Edmondson）想探究造成这些用药错误的原因。因为这与常人的直觉认知完全相反。一般人都会认为，较好的医疗团队拥有表现更好的成员和领导者，他们犯的错误应该会少一些。

埃德蒙森派一名助理研究员去医院实地观察医疗团队的做法。经过观察发现，实际上，较好的医疗团队并没有犯更多的错误；相反，他们只是上报了更多的错误。深入沟通发现，这些团队拥有开放的氛围，员工认为探讨错误的做法是安全的，他们更愿意与他人分享失败的经验，并积极努力减少失败，所以他们的表现更为优秀。

埃德蒙森把这种氛围称为心理安全，指"在实现雄心勃勃的绩效目标过程中，没有人会因为犯错、提问或求助而受到惩罚或羞辱"。

研究表明，心理安全能促进创新。当人们可以畅所欲言，提出挑衅性的问题和半成形的想法时，挑战现状就变得更容易了。心理安全也提升了团队的学习能力。在心理安全的环境中，若上司提出可疑要求，雇员就会质疑，而不是一味地服从命令。

企业需要区分员工是在什么工作上犯错，对于那些要求执行标准流程和规范的常规性规范性工作，因为其有了确定性的解决方案，所以要尽量杜绝错误，尽量少犯错误；但是对于那些尚未有标准解决方案，需要创新的不确定性工作，则要有容错机制。亚马逊采用了奖励"聪明人的失败"的做法，如果一个失败项目的输入质量很高，那么负责该项目的团队就会得到奖励而不是惩罚，他们将在公司内担任新的重要职务。亚马逊的安迪·雅西说，"公司如果不这样做，就永远无法让优秀员工冒险从事新项目"。

五、沉淀方法，将能力构建在组织之上

一个企业在成长过程中会沉淀下大量的经验，也会锻炼出独特能力。但如果这些经验和能力仅仅沉淀在那些精英员工身上，就会带来一个巨大的挑战，即整个组织无法大规模地复制这些优秀经验，也就是没有将能力构建在组织之上。一个组织是否将能力构建在组织之上，主要体现在如果一个大学刚毕业的新员工加入一个优秀团队，团队能否较快速地将能力原封不动地复制给他，使其在 3 个月内达到胜任水平。同样，如果有优秀员工离职，团队能够较快速地找到或培养出胜任离职员工工作的人才。

1997年，在《华为基本法》的起草过程中，一位教授曾经问任正非："人才是不是华为的核心竞争力？"任正非答道："人才不是华为的核心竞争力，对人才进行有效管理的能力，才是企业的核心竞争力。"华为前人力资源副总裁吴建国认为华为人才体系的核心是"三位一体"的管理模式，也就是精准选配、加速成长、有效激励。⊖

华为构建了成熟的人才培养模式，推崇"让优秀成就优秀"的理念，中高级管理者都是教练员，在培训中采取训战结合的方式。其培训课程很少外采引进，基本是内部优秀经验的萃取和总结。用这种方式可以快速培养员工胜任岗位。

同时华为构建了成熟的知识管理体系。公司的质量与运营体系负责知识管理方法的推广落地，帮助、辅导业务部门的知识管理活动开展，华为的主要业务体系均设置专职知识管理模块，负责本业务体系的知识管理方法优化和落地推行工作。华为还在各个业务线任命了300多名知识官（Knowledge Officer，KO），他们本身可能就是业务的领导，对于本业务的问题烂熟于心，可见华为对构建知识管理体系工作的重视。

在华为各基层业务部门还设置有领域知识Owner，在各一线作战项目，设置有兼职项目知识经理，主导本项目知识管理规划的制定及组织知识管理活动的开展。

所以，知识管理体系可以帮助组织将优秀的经验沉淀在组织之上，而人才培养体系可以帮助组织将优秀的能力复制给员工，以支撑组织成长。

⊖ 来自《华为团队工作法：华为19万员工力出一孔的人才管理法则》。

进一步地，一个组织要去解码行业的"根能力"，并打造这一能力。什么是"根能力"？就是该行业最为关键的很难在短时间内打造的独特能力。比如，咨询公司的"根能力"是什么？麦肯锡输出了大量的咨询方法论，包括《金字塔原理》、7S、麦肯锡解决问题的七步法等。但真正的"根能力"，应该是他们不断基于客户需求的成长能力，包括打造精英咨询顾问的能力。

京东不满足于只是一家电商平台公司，坚持布局了起初被很多人不看好的物流网络。2018年，京东物流宣布将在未来5～10年和社会各界共建全球智能供应链基础网络。从2017年年初全面向技术转型到2021年第三季度，京东物流已累计在技术研发上投入近750亿元。京东提出的最新使命是"技术为本，致力于更高效和可持续的世界"。京东的能力一直在进化，从电商到物流再到智能供应链网络。

比如奈飞（Netflix）原来的业务可以定义为在线视频分发平台，2013年随着奈飞的大获成功，版权费用也水涨船高，奈飞意识到一旦内容提供受限，将会陷入被动，因此奈飞决定自制内容。奈飞进行了一次尝试，拉来了好莱坞著名导演大卫·芬奇等，高成本投入1亿美元制作了《纸牌屋》，预估如果可以新增60万付费会员则可以达到收支平衡，纸牌屋的大获成功为奈飞带来了1000万的新增付费会员。可见内容分发不是这个行业的根能力，版权内容才是。

任何企业所在的行业都有该行业所需要的"根能力"，除了沉淀和复制已有的经验和能力外，还要持续打造自己的根能力。

最后，我们总结一下组织持续成长的五个特征：

一个坚定的追求是一个组织在时间维度上未来的目标和方向，是企业发展的动力之源；一个坚定的追求也往往决定了企业的发展空间，也在回答"组织为什么要努力成长？"这一问题。

开放的系统是组织在空间维度上的能量来源。组织向外获取信息、知识、资源等，不故步自封，不自我设限，而是与外部持续交互中实现成长。

成长型思维是组织整体的思维模式，决定了在遇到外部变化、遭遇发展困境时团队和员工的心态以及应对措施，也决定了员工在日常工作中是面向未来的共同成长还是只着眼于当前利益的博弈。

创新和容错机制，则是组织内部鼓励成长的机制，是让员工敢于突破自己和组织限制，勇于尝试和探索，在"事上练"，实现业务发展和能力成长的平衡。

沉淀则是组织的工作习惯，在打胜仗的同时打造组织持续打胜仗的能力。一是注重反思将经验显性化为知识，将个体或个别团队的知识转化为整个组织的知识；二是着眼于更深远的作战需要，打造组织的根能力。

如果一个组织具备以上五个特征，就从基因上具备了成长性，身在其中的员工和团队也会因为组织的成长性基因而拥有了学习的土壤和环境。

练习工具

1. 请评估贵公司在 5 个特征上的表现，以及优化建议。

特征	分数（1-5分）	做得好的地方	如何做得更好
追求：公司有清晰的使命、愿景、价值观，并已成为所有员工共同的追求和行为准则			
开放：公司是一个开放的系统，包括对客户、供应商、外部伙伴，甚至是不同意见开放			
容错：公司鼓励创新，包容试错，将大胆尝试作为组织发展的重要路径			
成长型思维：积极拥抱变化，把问题看作成长的机会，团队崇尚在彼此协作中成长，而不是互相质疑			
沉淀：不浪费优秀经验，有定期的复盘机制，能够将经验萃取成方法论，使其在组织内自由流动			

2. 除本章提到的特征外，结合贵公司实际，你认为一个具有学习型文化的组织还有哪些特征？如何打造这种学习型文化？

CHAPTER 2 ◀ 第二章

学习型领导者
创始人和高管需提升学习力

Facebook 首席运营官，被誉为"Facebook 第一夫人"的谢丽尔·桑德伯格在《向前一步》中指出，"学习力是一个领导者必须具备的重要素质"。桑德伯格除了攻读了哈佛大学商学院 MBA 外，还学习了如何应对职场中的性别歧视，如何维系良好的亲密关系并在婚姻中彼此成就，如何平衡公司高管和两个孩子母亲的角色冲突等知识。持续的学习、不断的自我认知更新，最终使得桑德伯格成为福布斯榜上的前 50 名"最有力量"的商业女精英之一。

一、学习力是领导者必须具备的底层素质

对于创始人来说，学习力是一项关键能力，甚至是基础能力。为

什么呢？创始人往往有以下共性：①市场营销背景，自己曾在大公司带兵打仗，拥有丰厚的客户资源或成熟的营销技巧，找到了一款好产品，带一支队伍出来创业；②有某一技术领域的背景，比如工程或计算机领域；③有特定行业的背景，比如长期在互联网行业公司工作，他们往往看到了某一个市场机会，或者是洞见了某个未满足的需求，也可能是发现了大的时代趋势。

在创业阶段，如果发展顺利，创始人凭借着原有的经验、能力、资源、团队等可能会获得第一桶金，赢得初步成功。这时创始人的个人能力是超过业务发展需要的。但随着业务快速发展，公司规模不断扩大，管理半径拉长，业务复杂度与日俱增，这时如果创始人的能力提升的速度跟不上业务发展的速度，创始人反而可能会成为组织发展的障碍。

更可怕的是有些创始人智商高于常人，但不擅长倾听，是习惯于自己控制整个公司的运转。因为人都喜欢确定性，所以CEO往往不善于授权，大小事务都要亲自审批和推进。尽管不断有新人被提拔为管理者或者引进外部优秀人才，但是他们的能力会在相当长的一段时间内弱于CEO，于是CEO成为公司里能力最强的人，不是所有领域也至少在一个领域是。CEO不能使得公司能力超出其个人能力范畴，这会严重限制公司的发展。

而优秀的创始人和高管都热爱学习，擅长反思，勇于突破自己的认知边界。字节跳动创始人张一鸣像调试自己最引以为傲的算法一样调试自己，他试过将一天的时间切割成小块，精准地去完成时间表中的每一项计划。经过反复实验，他发现这样做的效果不佳，立刻调整试验方向，转而探寻自身专注高效的顶峰。这一回，他得出了有效结论：最好的状态是"在轻度喜悦和轻度沮丧之间"。

张一鸣坦言自己早期担任九九房 CEO 的时候有管理洁癖，"我希望每件事都能精确发生，所以在管理上抓得很细"。但后来他发现，方向其实比管理更重要，有些公司虽然管理很差，但依然活得很好。所以到了今日头条后，他彻底换了一种管理方法。

张一鸣一直强调"理性的自负"。他认为字节跳动所处的行业属于创新性行业，会不断面临新的挑战和变化，应该减少不必要的规则，保持组织的灵活性，适应业务的发展。或者说，应用更多的"Context（背景）"，更少的"Control（控制）"的解决方案。

他还认为，CEO 往往有过成功的经验，且没有上级，很少被人质疑，容易觉得自己"英明神武"。但是 CEO 忽视了一点，行业是不断发展的，自己所具有的知识虽然丰富，但在行业的不断变化中依旧是有限的。

华为 1987 年成立于深圳，最初是一家生产用户交换机（PBX）的香港公司的销售代理，直到 1990 年才开始研发自己的产品，现在华为已经壮大成为通信技术领域的顶级公司。如果任正非一直用当年贸易时代的方法来管理公司，可能华为不会有今天的成就，并且早已离开公众的视线。

大多数人可能没有听说过任正非读过什么商学院的什么班，但他用自己的方式在不断更新自己的管理体系。任正非有自己的顾问团。任正非倡导"一杯咖啡吸收宇宙能量"，要员工们多与外部交流学习。除此之外，任正非喜欢看书，通过看书加反思的方式实现认知升级。

商汤通过在澡盆上刻"苟日新，日日新，又日新"的铭文，提醒自己如果能够一天"新"，就应保持天天"新"，天天"新"了还要更"新"。作为一个领导者，要勤于自省，注重及时反省和不断革新，持续更新自己的知识和认知。

二、领导者高效学习的四个原则

1. 保持开放姿态

作为领导者首先要认识到自己的认知是有边界的，认识到过去的经验不能解决未来的问题，要保持旺盛的学习精神，不断打破自己的认知，即"Stay hungry，Stay foolish"。

放低姿态，虚心倾听，保持开放状态，对新事物新知识要保持好奇心。比如新冠肺炎疫情期间，老乡鸡董事长束从轩学着用短视频做营销，说出二次元的新名词；董明珠、梁建章等开始亲自上阵直播带货；在很多公司如方太集团推行反向导师制，让新生代员工作管理者的导师，管理者向新员工学习新事物。

2. 兼顾向外和向内

人们往往认为学习就是向外学习知识，获取信息，但是不要忽视组织发展过程中也会有经验教训的积累，正所谓"事上练"，在向外学习的同时，也要注重在日常生活中反思、总结、沉淀组织发展的方法论。

安踏集团董事局主席丁世忠强调反思是一种很好的文化，只有在不断反思中寻找不足，明确方向，企业才能走得更远。针对经营管理痛点，高管要敢于大胆反思，而且越是高级别的管理干部越是要起带头作用。

3. 从知到行

学习意味着改变，学习不仅仅是知识的输入，更是要将知识转化为行为模式或组织的运营机制。学习也是一个从加法到减法，再到乘法的过程。大量吸收知识，但是要根据组织的适配性选择最合适的方法，然后再将其整合到组织的整体运转中。

真正检验学习效果的不在于学了多少知识，而在于用了多少知识。

4. 从个体到群体

创始人和高管的责任是通过自我成长驱动整个组织（团队）成长。《成就》这本书里提到"优秀的管理者成就自己，卓越的管理者成就他人"。在学习过程中，要将知识在组织内部流动起来，通过自上而下讲授、团队间传播等方式，推动整个组织进行学习。如杰克·韦尔奇当年在通用电气（GE）每两周就会到克劳顿学院（GE企业大学）授课一次。

同时，个体需要和团队共同学习，要鼓励经验的分享、智慧的碰撞，围绕着组织问题激发不同观点的表达和对于问题本质的探讨，实现群体认知的升级。

三、领导者高效学习的四种方式

每个人的学习风格不同，组织发展阶段也有差异，需要采取适合自己的学习方式。学习可以分成两个维度，一个维度是向外学习和向内学习，另一个维度是群体学习和个体学习，进而把创始人和高管的学习分成四种方式，如图2-1所示。

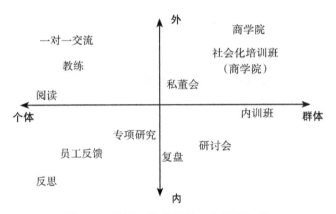

图 2-1　创始人和高管的 4 个学习象限

第一种方式："群体向外"学习象限

　　这个象限是指要善于借助于外部的经验和知识，要虚怀若谷，而不要盲目自大。任正非倡导的"一杯咖啡吸收宇宙能量"，就是指要擅长打开视野边界，汲取他人的思想智慧营养。因为你的盲区可能是别人的常识，你百思不得其解的问题可能在别人那里已有成熟的解决方案。

　　为什么要强调群体学习？因为创始人和高管不仅要追求个体能力的提升，还要带动各个层级员工能力的提升，否则老板自己学了很多，发现员工跟不上，反而更焦虑。员工发现老板讲的话自己开始听不懂了，也跟着焦虑。

西贝创始人贾国龙说过，学习不能是老板一个人的事。很多企业是老板学完了自己给员工讲，为什么？第一，省钱；第二，可以和员工形成落差——要是咱们水平差不多，我还怎么领导你们呢？但时间长了，老板和员工之间的落差越来越大，员工不明白老板的意图会很麻烦。本质上，群体学习就是西贝组织能力构建，积极准备应对未来竞争的过程。

华为将每月最后一个星期六设立为闭门谢客集体学习日，这一天各个团队的负责人组织本团队的成员集体复盘过去一个月所做的工作，邀请表现优秀的同事给大家分享经验，或者请外界的优秀专家给大家开阔视野。结束了白天的学习，当天晚上一般会有聚餐，继续研讨白天没有完成的话题。团队每过一段时间会达成阶段性共识，在后续协作中会更加默契。

向外学习的方式有很多，比如向标杆企业学习，集体参加外部的训练营、私董会等。企业和团队可以根据具体需要解决的问题采取相应的学习方式。

第二种方式："群体向内"学习象限

前面强调了团队学习的重要性，但也要认识到团队不仅可以向外学，也可以组织集体学习，向内部的优秀经验或优秀员工学习。

创始人和高管要能够放下身段，避免自负，善于倾听内部的优秀经验。高管团队集体挖掘组织内部的优秀基因，固化成相应的流程和模板，放大其作用，在组织内部复制推广。复盘是一种常用的方式。创始人和高管要定期带领团队客观开放地开展复盘工作，这是在竞争中学习竞争的重要手段。

贝壳创始人左晖是一位令人尊敬的企业家，他生前参加公司述职会时，会提出一些不容易回答的问题，在贝壳南部大区总经理张海明眼中，左晖想问题有层次，格局也很大，但细节抓得紧，假设上个季度业绩表现很好，他会问："做得好，到底和团队有什么关系？形成了能力沉淀吗？"按照他的思维，任何东西都要有论据，不好要找原因，好也要找原因，找到本质，以及有什么核心举措。○

很多公司将复盘做成了"走流程"，变成了工作总结汇报，甚至是批斗会。复盘的本质是团队学习，不是责任推诿。最为关键的是客观地找到成功或失败的根本原因，解决实际问题，对于促成成功的关键要素要提炼总结形成方法论，在团队中复制推广，以谋求更大的成功。这一次的复盘是为了打更多的胜仗而不是批判某个人。

如果说复盘是围绕着"事"的层面的学习方式，那批评与自我批评则是围绕着"人"的层面的学习方式。开展批评与自我批评是中国共产党的优良传统，也是这个伟大组织的优秀基因之一。华为坚持自我批判，是华为保持组织充满活力的价值观体现。2018年年初华为召开"烧不死的鸟是凤凰，在自我批判中成长"的专题仪式，任正非发表了《从泥坑中爬起来的是圣人》的讲话。他对现场华为的一众高管表示，摩尔定律的核心就是自我批判，要通过自我批判、自我迭代在思想文化上升华，去践行人生的摩尔定律，敢于改正缺点和错误的人青春永存。

阿里巴巴的彭蕾在团队中每年做"复盘"，不仅"对事"而且"对

○ 来自公众号"盒饭财经"文章《专访左晖：一个长期主义者的底层逻辑》。

人"。整个团队一起开展批评与自我批评。作为领导的彭蕾先讲自己的问题,"自残"完了再对他人"放枪",让每个人都彻底分析自己的成功和失败之处。然后她会当面给团队成员打分,对于未满足自己期望的同事,彭蕾也会直言不讳指出来。整个过程很残酷,但经过风雨洗礼后,团队的战斗力能直线上升。⊖

很多管理学者通过广泛的实证调查,管理者的自负不仅普遍存在,而且确实会危害企业的健康发展。通过开展制度性的批评与自我批评,可以让管理者放下架子,以平常心对待他人的批评和建议,客观看待自身存在的问题,用学习者模式而非自我证明模式来平等交流,不断提升自我认知水平。需要说明的是,这么做的前提是团队之间有足够的信任,不然残酷的"复盘"可能会导致两种后果:要么不敢说,要么说完团队也差不多散了。

第三种方式:"个体向外"学习象限

前面提到任正非有顾问团,其实很多 CEO 都会有自己的教练或顾问。管理大师德鲁克的主要工作就是做顾问,拉姆·查兰也是管理咨询大师,担任很多公司高管的顾问,乔布斯和谷歌的施密特有一位共同的教练–比尔·坎贝尔,腾讯的高管顾问是杨国安教授。每个人都有自己的认知盲区,管理者更不能因自己曾经成功的经历而故步自封。找一位教练就像是找到一面镜子,帮助自己走出认知盲区,在关键时刻点醒自己。

除此之外,管理者要学会在交流中学习,在《穷查理宝典》中,

⊖ 来自 https://baijiahao.baidu.com/s?id=1674329244239095428&wfr=spider&for=pc。

查理·芒格提到，人类社会只有发明了发明的方法才能发展，同样的道理，只有学习了学习的方法之后才能进步。如果你们拿着计时器观察巴菲特，你们会发现他醒着的时候有一半时间是在看书。他把剩下的时间大部分用来跟一些非常有才华的人进行一对一的交谈，有时候是打电话，有时候是当面，那些都是他信任而且也信任他的人。

当然，很多优秀的管理者都保持着阅读的好习惯。研究发现，阅读可以提升长期注意力，减轻压力，防止认知能力衰退。[一]阅读也被证明可以强化同理心，改善睡眠并提高智力。把这些益处与书所能提供的知识密切结合起来，我们会明白，为什么比尔·盖茨、马克·扎克伯格、埃隆·马斯克、查理·芒格和巴菲特等人无一不把自己的成功归功于对阅读的无比热爱。张一鸣和王兴也都喜欢看书，张一鸣曾开玩笑说，"王兴说他有 1 个 Kindle，而我有 5 个"。

他们不仅喜欢阅读，更是行动巨人，他们可以将理论和方法论转化为经营管理的实践。王兴在看了《领导梯队》后，要求所有管理者都要读这本书，2019 年 9 月底，他再次在团队内部沟通会上分享《领导梯队》这本书，表示未来十年，美团要促使新一批各层级的管理者成长起来，这是美团未来竞争力的重要来源。而在 2020 年年初，美团启动了领导梯队打造计划，推动企业人才盘点、轮岗锻炼、继任计划等一系列工作有序开展。

第四种方式："个体向内"学习象限

人们大部分技能来自工作实践，但实际上仅靠增加工作经验并不

[一] 来自《跨越不可能》。

能快速有效地提升技能，真正能快速有效地提升技能的是实践后的反思。曾国藩很擅长这一点，常常把自己关在房间里静思反省。

任正非说："别人说我很了不起，其实只有我自己知道自己，我并不懂技术，也不懂管理及财务，我的优点是善于反省、反思，像一块海绵，善于将别人的优点、长处吸收进来，转化成为自己的思想、逻辑、语言与行为。孔子尚能三省吾身，我们又不是圣人，为什么还不能。"

翻看张一鸣的微博，你会发现他经常反思。27岁的张一鸣说："我快30岁了，这几年又开始重新学习、补习本应在青少年时期学习的东西：如何阅读、如何了解自己、如何与人沟通、如何安排时间、如何正确地看待别人意见、如何激励自己、如何写作、如何坚持锻炼身体、如何耐心。"据公开资料，在字节跳动内部的业务会上，张一鸣会给自己过去两个月的OKR（Objectives and Key Results，目标与关键成果法，是一套明确和跟踪目标及其完成情况的管理工具和方法）逐项打分，做得不到位的地方都会直接告诉大家，对哪项业务不满意也会直言不讳，从不遮遮掩掩。

除了自我反思外，征求员工反馈也是一种有效的学习方式。在奈飞，鼓励每个人说出自己的真实想法，但意图必须是积极的，不要攻击或伤害他人，从而将各种想法、意见和反馈摆到台面上来加以解决。创始人哈斯廷斯认为反馈是提升绩效的有效方式之一。

江小白CEO陶石泉曾说，"我觉得自己还不够好，还必须通过不同的方法去学习。一般的学习方法，有读书、上课，或者跟比自己优秀的人学习。但是在企业内部，向下学习是一个非常重要的学习方

法。我们企业一定程度上也保持了比较良好的做法，公司氛围还算比较民主，层级意识比较弱，但整体仍然有待提高。"㊀

在组织中地位越高，收到的反馈往往就越少。创始人和高管很难直接面对员工的反馈，有时候也无法得到客观的反馈。随着新生代员工进入职场，这可能不再是问题。他们可能不会太顾忌面子，更能够直接给予他人反馈，关键是创始人和高管能否坦然面对这样的反馈。哈斯廷斯认为管理者要向员工表明欢迎坦诚反馈的态度，他说："我不断地征求反馈，并通过认同提示诚恳地做出回应。我甚至在公开场合讲，自己因为收到批评意见而感到喜悦。"

某些企业会采取360°评价的方式对管理者进行评估，这种无记名的方式也在某种程度上保证了客观性，阶段性地给管理者提供一面镜子。要知道管理者的风格不是其自认为的风格，而是其在员工眼中的行事风格。他人的每一次反馈，都是给自己照镜子的过程，让自己觉察到"不知道自己不知道"的地方。如同著名时装设计师山本耀司所说，"自己"这个东西是看不见的，撞上一些别的什么，反弹回来，才会了解"自己"。

以上4个学习象限详细分析了创始人和高管可以采取的高效学习方式。需要强调的是任何学习都要转化为改变，包括认知、思维和行为的改变，不要让知识输入的勤奋来掩盖自我改变的懒惰。创始人和高管要根据自己的学习风格和要解决的问题选择合适的学习方式，但不要过度依赖一种学习方式，也不要随意终止学习。

建议创始人和高管选择一种学习方式长期坚持下去。比如在4个

㊀ 来自《江小白：疫情下的长期主义与短期应对》。

学习象限的右上角选择"私董会"并长期坚持下去，好处是外部的朋友可以直言不讳给予你反馈，帮你看到思维盲区；4个学习象限的左上角可以选择"教练"或"阅读"作为自己的学习方式，正如张一鸣、王兴等人都非常喜欢阅读，阅读和深度思考是任正非实现进化的主要方式；在4个学习象限的左下角可以选择反思或者员工反馈，但要在内部形成公开透明的反馈氛围，员工可以坦诚反馈，管理者虚心听取和接受建议；在4个学习象限的右下角可以选择内训班、研讨会等方式作为团队学习的共同方式。

需要提醒的是，很多时候创始人和高管工作繁忙，没有时间集中精力进行学习，所以更需要在每个月安排出固定的时间进行专门的学习。

为什么我们要将学习方式分成这4个象限，是要让读者认识到学习方式有很多，创始人和高管要根据自己和公司特点选择合适的学习方式，同时不要过度依赖一种学习方式，要兼顾到各个学习象限，因为每个学习象限所能解决的问题有所差异，学习者们要交叉使用，让各种知识交融在一起，发生"化学反应"。

练习工具

1. 回顾一下，你经常采取哪种学习方式，判断它们属于哪个学习象限，这些方式是否有效？
2. 请尝试在4个学习象限里各选择一种对你而言更有效的学习方式，并写出具体的行动计划，如表2-1学习计划表所示。

表 2-1 学习计划表

学习象限	采取哪种学习方式	具体的行动计划（时间，行动等）	衡量有效性的方法
向外／群体			
向内／群体			
向外／个体			
向内／个体			

CHAPTER 3 ◀ 第三章

学习型场域

让组织成为一所大学

学习场是拓扑心理学家库尔特·勒温提出的一种学习理论。他把物理学的场概念引入心理学，认为个人的心理行为是在一种心理场或生活空间中发生的，是由所在场作用于他们的力决定的；学习也是依存于生活空间而产生的，它是场的认知结构的变化。

成人的学习也是在场域中发生的，而不是孤立地发生在单一知识的输入。需要强调的是，学习并不是狭义上人们认为的看书、听课，而是通过观察、交流、看书、反思、实践、体验等活动带来认知、思维和行为的改变，是一个人的成长过程。

基于以上概念推导，我们对学习场的定义是，促进人成长的有形和无形空间，这包括物理环境、学习活动、人与人之间的联结、学习动机等，无形空间比有形空间更加重要。所以任何组织本身就是一个学习场，组织负责人在推动完成组织战略目标的同时也在打造一个员工的学习场。而这个学习场的强弱程度就表现为员工在其中的成长速度。

组织中的学习场可以分为三个部分，如图3-1所示。

图3-1　组织中的三个学习场

线上学习场，线上学习场除了在线学习平台、知识管理平台、直播平台这些正式的学习场域外，还包括通过微信、QQ等社交平台来实现经验分享和学习。随着知识付费平台的兴起，线上学习成为一种新常态。我们说互联网打破了信息壁垒，也打破了原有知识传输的封闭性，但千万不要把这种信息输入当成热爱学习的假象，线上学习最终要回归到工作中的练习。因此，对于线上学习的态度是，积极寻找与自己工作或生活相关的知识，利用线上沟通工具，促进知识（经验）的流动。学习高手也是转化高手，可以将知识转化为自己的工作行为。

课堂学习场，很多人想到学习就会想到在培训课堂上学习，因此课堂学习场也是我们最容易想到的学习场域。但是很多培训是无效的，原因有三：一是很多学习其学习动机不强；二是在教学方法上缺乏与学员应用情境连接的设计；三是后续在岗练习的激励和监督缺失。所以线下培训就变成了孤岛，为培训而培训。这种培训形式在短时间内不会消失，但是如何让这种培训更能够支持业务发展是考验业务负责人和 HR 部门的持续性难题。

工作学习场，从文章开始我们就强调工作学习场，就是因为我们大部分人都忽视了工作中学习这一重要渠道。有一个著名的"721"法则，是指我们的技能 70% 来自工作实践、20% 来自同他人的交流，只有 10% 来自书本和课堂。因此，看书和听课也仅仅是两种正式的学习方式，而在日常工作和生活中还有很多非正式的学习方式，比如工作研讨、经验分享、业务复盘、导师辅导、在岗实践、自我反思等。

这三个场不是相互独立的，而是相互交叉协同共同推进的。比如，你通过微信群分享工作中的经验，这既是工作学习场也是线上学习场；将工作经验总结成方法论在课堂上讲，这既是课堂学习场也是工作学习场。线上学习场和课堂学习场的内容最终要回归工作学习场，它们之间不是孤立存在的。

所以，人大部分时间都处于学习场中，人生就是一个不断进步成长的过程。但是组织间学习场的强弱程度是不同的，这种差异与企业的发展阶段、企业的业务模式、企业机制、企业文化等息息相关，前面章节所讲内容都可以支撑并打造一个强有力的学习场。

但为什么同一企业里的同一岗位上的员工在各种条件（教育背景、智商水平、工作内容）相仿的情况下成长速度不一样？这受三个要素影响：一是学习动机；二是学习环境；三是学习方法。

一、学习动机：激发内外动机

动机，在心理学上一般被认为涉及行为的发端、方向、强度和持续性。在组织行为学中，动机是一个过程，它体现了个体为了实现目标而付出的努力的强度、方向和坚持性。

我们可以将动机分为内在动机和外在动机。

（一）内在动机

学习的内在动机与一个人想要追求的状态有关，会表现为对外在事物的好奇心、对成就一番事业的渴求、对自己命运的掌控，在工作中会表现出强烈的成就动机和使命感。所以成就动机强的员工也会表现在学习动机上，他们更渴望学习，以实现个人进步。前文讲到组织要彰显使命感，就是要唤起员工的内在动机，实现使命同频。员工的成就动机很难在工作中培养出来，这是冰山下的素质，往往与其教育环境、成长经历等相关，组织要在招聘过程中通过严格科学的评估来判断候选人是否具备这一特质。在稻盛和夫的《干法》一书中，将员工分为自燃型、可燃型和阻燃型，这里的"燃"就是指员工的内在驱动力。组织要招聘优秀的人，优质人才组成的员工团队不仅能做出令人满意的成绩，还能吸引更多优质人才的加入。建议管理者招聘那些比自己聪明的人。学习型员工不仅有处变不惊的智慧，还有乐于接受变化的心态，也就是拥有成长型思维。

当然如果组织本身不具备进取精神，没有强大的使命感，在一个松散的追求稳定的企业文化下，自燃型员工可能会很快适应不了而跳槽，也会有部分员工如被放在温水中煮的青蛙一样被周围阻燃型员工给同化，逐渐熄灭其内心的火苗。

（二）外在动机

除了内在动机，员工也会因为外在因素而被激发，这就是外在动机，外在激励对于那些可燃型员工是有作用的，因为自燃型员工不用扬鞭自奋蹄，不需要外部激励；而阻燃型员工难以被激励。可燃型员工也是有追求的，而这种追求需要外部力量来点燃。

企业对于员工学习与成长的重视体现在是否投入充足的资源来为员工提供学习机会，这包括准备充足的培训预算，构建企业大学（培训中心），引进外部课程和线上学习平台，出台激励措施等。很多企业会通过学习积分制、内部竞赛（案例大赛、技能大赛、内训师大赛等）、物质激励、晋升等措施激发员工学习动机。著名的人力资源咨询公司美世有一项长期的制度对员工的成长和发展提供资金支持。例如养老金和年金顾问被鼓励去参加由精算师协会提供的认证项目，如果成功完成认证项目，相关费用可以报销。美世会给予完成认证项目的员工加薪，这样的机会可以给员工增加几千美元的年收入，但完成认证项目的员工为美世带来的收益是美世拥有了业界最高认证的专业顾问，保证了公司承接企业养老金咨询项目的质量。

北京老船长团建公司内有个学习制度：员工外部学习不限制，只要证明学习有成果能作用到工作上，就可以向 HR 申请学习费用报销。HR 也会主动询问近期工作进步比较大的同事，是不是学习了什么课程，主动给予其费用报销。该公司的底层认知是，有效的学习一定会转变为工作成果。这就形成了正向增长飞轮，有效学习带来工作进步，工作进步赢得正向激励，当然合理的绩效薪酬体系本身也会给员工带来较为及时的正反馈。而这种正反馈会进一步激发员工工作和学习的积极性，然后周而复始，企业发展呈螺旋上升的状态。

组织要树立学习标杆，让爱学习且勇于行动者涌现出来，引领组织发展。这是一项持之以恒的工作，团队领导者需要将人才培养作为重要工作，在工作中及时鼓励那些喜欢学习、深度思考、乐于分享的同事，让团队学习成为业务发展的助力。同时通过树立标杆也让其他员工看到差距，制造适当的紧迫感和焦虑感。

二、学习环境：三个维度着手

领导者在带领团队执行战略举措，实现业绩目标的同时，也要将组织打造成为充满学习气息、容易获得学习机会的无形大学。

（一）让知识触手可及，随处流动

张一鸣有一个重要的见解"信息的流动比信息本身更重要"。同理，"知识的流动比知识本身更重要。"

2020年11月18日，飞书CEO谢欣在飞书未来无限大会上分享了这样一个案例："知识的涌现是什么意思？涌现并不是被设计出来的，而是自发、自觉产生的，在公司中它就是这么悄悄出现的。每个公司的HR可能都有一个任务，就是希望能够帮助员工学习更多的知识。员工有可能自发地、大规模地学习吗？举个例子，去年年中的时候，我们的一位员工用他自己的工作感悟写了一篇文档，这件事情没有什么，蛮正常的。但接下来，这篇文档因为被其他人看到，于是就转发给了更多的人、更多的群，接下来这样的事情不断发生，持续被转发。在过去一年中，这个文档被持续转发给了上万人，有上万人阅读学习了这篇文档，并且还有上千人对作者进行了反馈和点赞。整个过程完全自发自觉，而且这篇文档到今天还在持续地传播着，形成了一个良性的循环。而这样的事情其实每天都在发生。飞书加强了信息的创造、传播、消费和反馈的各个过程，并且让工作变得更加高效、更加愉悦。"

知识管理平台的一个重要功能就是将员工个体的经验知识沉淀到组织系统中，这是管理者非常容易忽视的一项重要工程。不让这些优秀经验被人群埋没，也可避免优秀员工流失时将优秀经验也一起带走。更为关键的是，我们要给员工一个可以分享知识的平台，从而让那些喜欢学习的员工吸收充沛的营养。

（二）让学习无处不在，随时发生

第二章强调了领导者以身作则提升个人学习力的重要性，在团队中领导者要成为组织的首席学习官（首席知识官），要将学习嵌入工作，通过每日站会、复盘会、例会、分享会、研讨会、学习日等多种方式促进员工去进行更多的学习。

基于"721"法则，管理者可以放大"工作中学习"和"同他人交流"这两种学习方式的作用。管理者可以将这些学习方式嵌入日常工作，即便是下班前组织同事们简单交流下每日心得，每周复盘下经验教训，甚至在微信群里简单分享自己近期的成功案例，也是非常有效的学习方式。领导者要在团队中鼓励分享，让学习成为日常工作的一部分。

在工作中有两个系统，一个系统是专注系统，即专注完成当下的工作，实现绩效提升；另一个系统是学习系统，即在工作中学习，让工作岗位成为能力成长的修炼场。

（三）让成长成为习惯，彼此滋养

优秀的组织环境能够滋养员工，让员工可以随时"充电"，充满前行的能量。要给那些渴望进步的员工以机会，也要给那些取得进步的员工以激励。因此我们强调反馈的重要性，这也是这个"场"中蕴藏的能量流动。为什么称之为能量流动？反馈作为激励要素，会让大脑释放多巴胺和催产素，这些物质会让人觉得身心愉悦。所以上下级之间、同事之间的反馈是"最为廉价"又"价值千金"的能量创造方法。

反馈并不仅是物质上和精神上的奖励（激励），这可能是同事间的一次认可、一个肯定、一句赞美，更重要的是让员工感知到自己的努力正走在正轨上，并且被看到了；员工及时看到自己在创造价值，看到自己创造价值的进度，这也是职场上能量的重要来源。为什么那么多人喜欢玩游戏？就是因为游戏会不断给人正反馈，只要你做对了，就给你激励。

工作中很多人不善于赞美，不习惯表达爱和认可，认为这不重要，只要把工作完成就可以了。其实是给自己贴标签，人类的进化史确实决定了我们更容易看到消极的危险的事物，而容易忽视积极的事物。因为在远古时代，我们的祖先行走于丛林野兽之中，危机四伏，而及时洞察周围的危险，是生存下来的必要条件。所以我们的骨子里就有关注消极的要素，有危机意识。

一个企业也确实需要危机意识，但人还有"被需要、被看见、被认可"的底层需求。积极快乐也是生产力，给他人反馈的能力是可以习得的，甚至在组织中可以实现制度化、标准化。

比如，据吴春波教授的总结：华为发奖金的总体原则是激励必须多元化，也必须及时化。⊖"小改进，大奖励，大建议，只鼓励"是华为奖励的基本原则。也就是说看得到实效的改进、能直接带来经济效益的改进，哪怕再少也会给予大奖励；而纸上谈兵，建议大却实施困难，只给予鼓励。这个奖项更多地可以看作华为公司的基本原则：脚踏实地。为此华为在人力资源部下设有专门的荣誉部，以贯彻这个精神。

华为一年一度的市场部晚会，历时四五个小时，一多半的时间是用来发奖的。粗略统计，在这次大会上发出的各种奖项有 360 多个，获奖的部门及个人达到 887 个。⊜金一南教授曾参加华为 2016 年的颁奖大会，从下午 3 点半开始，一直到晚上 7 点还没有颁完奖，100 多个事业部，那不是一般的场面。发奖成为华为管理的重要手段，评奖、获奖成为华为人工作的一部分。

高维学堂是首家提出并拥有"科学创业"理论体系的新一代商

⊖ 来自《华为没有秘密：华为如何探索和坚守常识》。
⊜ 来自"笔记侠"公众号文章《华为竟是这样发奖的》。

学院，员工没有固定的办公室，完全采用自主研发的办公系统在线办公。工作采取项目制，分成 1～5 级，比如一次公开课或为客户提供咨询都算是项目，开发一个成功的精品课程也是一个项目。每个级别对应不同的小红花（类似于奖励积分）数量，项目经理在项目过程中和项目结束后，及时激励，根据项目成员的贡献分配相应数量的小红花，而小红花是可以在月度、季度或年度变现的。

因此，关键是要有反馈意识，不仅要埋头苦干，还要互相看见，及时发现身边同事的闪光点、进步点和改进点，互相激发，充满能量。

三、学习方法：组织学习五原则

对于组织具体的学习方法我们会在下一个篇章讲解，本部分主要介绍在组织中学习的一些原则，建议在组织中推行任何学习活动时都要参考这五条原则。

原则一：基于问题学习

在 DDI 所做的一项调研中，发现正式学习无效的一个原因就是学习内容与工作相关度不够，另一个原因是与业务困境相关度不够，如图 3-2 所示。

组织中的学习活动不仅是为了拓宽视野、陶冶情操、提升素质，更关键的是学习能否转化为工作行为，甚至提升绩效。我们常说"学以致用"，但在学什么上，我们要崇尚"用以致学""即学即用"的理念，这是一种务实性的学习，要追求投入时间和成本的产出比。当然在学有余力的情况下，我们可以鼓励员工个体拓展知识面，但首先要围绕着工作需要学习。正如庄子所言"吾生也有涯，而知也无涯。以有涯随无涯，殆已。"

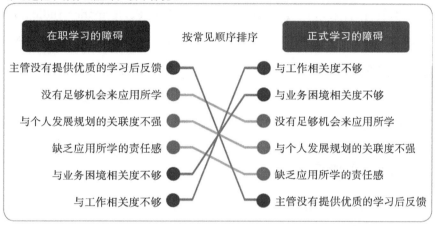

图 3-2　学习的障碍

资料来源：DDI《全球领导力展望》（2014～2015 年）。

组织发展过程就是一个不断克服问题、转型升级的过程，所以发现问题，本身就可以将此作为学习的机会。从绩效问题到业务问题再到员工问题，还有为了实现更伟大的战略目标，目前组织的能力差距，这些都可以作为学习的起点，在解决问题中提升能力。

员工之间在绩效上有差距，本质上是能力上有差距，发现差距本身就是发现了学习的机会。《重新定义团队》一书中提到，谷歌每个季度会做一项只有两个问题的调查："过去的一个季度里，我向他求助的时候，这个人帮助了我"和"过去的一个季度里，在我对他的团队工作可能有所帮助或可能受其影响的时候，这个人请我参与了"。

团队中的每一位成员要给其他成员评价，不记名的排名和结果将与所有人分享。员工知道自己名次，但不知道其他人的排名。当排名靠后的人看到自己的名次时就认识到了自己的差距，从而转变为进步的动力。

不管组织采取的是 OKR 还是 KPI（Key Performance Indicator，关键绩效指标考核法）管理模式，其目的除了推进团队完成目标外，还包括发现员工为实现目标存在的能力差距，以促进员工成长。所以在成长型思维的组织氛围中，领导者和员工都要带着问题去学习，而不是随意地学习。

原则二：团队学习

和什么人在一起对于个人成长十分关键。2021 年 11 月份，中南大学一男生寝室四人全员保研，分别进入北京大学、清华大学、南京大学以及中国科学院大学计算技术研究所，其中一人直博。课堂上，他们全身心地投入，回到寝室，他们相互讨论，相互指导，面对难题，他们各自思考寻找突破，最终在头脑风暴的较量中达成一致。

他们创造了很多独特的学习方法，其中一个方法是"小黄鸭"学习法。即一人当"小黄鸭"（对学习内容一窍不通的人），然后其他人对其进行讲解，一遍遍梳理逻辑，加深印象。四人各有所长，各自分工，互相做对方的老师，"宿舍就是最好的自习室""学习方法相互融合，以教为学，互帮互助，共同进步"。

其实这种"小黄鸭"学习法在职场中同样适用，互为老师，分享经验，共同进步。在华为，每个月有固定的学习日，在这一天团队集体学习，不接待来客，不工作。这就是我们推崇的团队学习模式，在很多组织中的学习是个体学习，领导者有许多外出学习的机会，去商学院、总裁班、标杆企业，但是仅针对一个人的学习只会拉大其与团队的认知差距，有的领导者甚至越来越觉得团队员工水平不够高，跟不上自己的思维，难以将自身所学变为团队共同的能力。而团队学习不仅仅是学习知识，还可以通过分享研讨等方式促进知识交流，达成共识，实现共同成长，形成统一语言。

既然组织是一个学习场，员工所在的团队就是学习的最佳场所。团队会有需要共同面对的问题，因此团队要本着"借事修人"的原则，在攻克问题中实现同步提升。一是在团队学习中本身就可以实现经验的分享和智慧的碰撞，这是最好的学习方式之一，每个人既是老师也是学生，在输出的同时有输入，让整个场域中的智慧发生指数级的链接；二是学习是反人性的，要消耗精力，克服自身惰性，所以一个人学习时往往会因为缺乏外在的影响和陪伴而懈怠。但是如果有同事一起学，一起练，一起改变，互相监督并互为镜子，就会提升整个团队在学习上的能量值。

原则三：应用式学习

没有行动的学习是伪学习。知乎上有一篇文章：《知行合一的十条规律》。该文章认为任何人都是知行合一的，其假设是如果你没有践行你知道的观点、理论和方法，那这些对你来说就不是你所拥有的知识。所以你行动背后的知识才是你的真知，任何人都是知行合一的。

文章作者将知识在大脑中分成了四个层次，分别为表层知识、感性知识、理性知识和神经元模型，如图 3-3 所示。

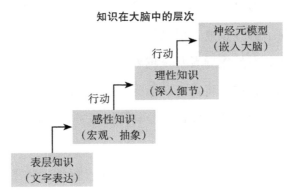

图 3-3　知识在大脑中的层次

人们大量的学习通常停留在知的层面，缺乏刻意练习，未曾形成感性甚至是理性知识。笔者在职场上见过很多朋友，他们懂得很多知识理论，但其业绩和能力与其知识理论水平并不相当，这些人被称为"知道先生"。

这也解释了为什么很多企业重视培训，舍得投入，但组织能力并未得到显著提升。如果是一个执行力差的企业，即使开展再多的培训执行力也难以得到提升。因为企业员工缺乏将所学转化为行动的动力和执行力。

实践过程（应用）就是将知识转化为员工行为的过程，也是将知识转化成组织生产力的过程，因此应用是学习活动中必不可缺的一部分。

原则四：深度思考式学习

深度思考是看到问题的本质，不仅要知其然还要思考其所以然。乔西·考夫曼说："无论你学习什么科目，其中最美妙的事是，你不用知道所有的知识点，仅仅需要知道一点浓缩的核心原理即可。而一旦建立其核心原理的框架，学习知识甚至进一步拓展便是轻而易举的事了。"

很多优秀的人都有一个共同特质：能够找到事物的底层逻辑，并能迁移运用它。这种能力就是一种本质思考能力。这种能力就是剥开现象看本质，看到千万现象背后的底层运作规律，这种规律可以复制和迁移，可以让你找到更本质的解决方案。所以，找到这个底层逻辑后，就可以举一反三，融会贯通，提升学习、工作效率。

比如，有朋友学习了 2B（面向企业客户）销售的课程，他认为 2B 销售的本质是挖掘客户利益相关者要解决的问题，以及他们对于产品（方案）的需求，然后用自己的产品（方案）去匹配利益相关者尤其是关键人的需求。进一步反思后，他发现其实任何人都要具有销售思维，比如职能部门的工作本质上也是销售逻辑，比如设计一个方案，其面向的是内部的利益相关者，这就要思考或者挖掘他们的需求，然后去设计能够满足这些关键需求的方案，再通过合适的方式去引导他们接受这个方案。

所以在学习的过程中，不仅要知其然更要知其所以然，深度思考事物的本质规律，举一反三，触类旁通，提升学习能力。

原则五：输出式学习

有些组织热衷于组织读书分享会，而且定期组织，每月甚至每周一次，这当然是值得鼓励的，但是很多时候读书分享会的效果不尽如人意，并没有对工作带来太多帮助，甚至过一段时间就忘记了当时所学的内容。

我们看理查德·菲利普斯·费曼（Richard Philips Feynman）是如何学习的。费曼是美国犹太裔理论物理学家，也是量子电动力学创始人之一和纳米技术之父，1965年获得诺贝尔物理学奖。

费曼非常热爱自己的教师角色，他认为，要是不能把一个科学概念讲得让一个大学新生也能听懂，那就说明你自己对这个概念也是一知半解的。

费曼的老师Wheeler也曾说过：一个人只有通过教学，才能学会什么。（One can only learn by teaching.）

学任何东西，如果你能用简单的话，用自己的话，不带行话、术语，说给八十岁的老人听，说给八岁的小孩听，当这些人都听懂了，你就把这个概念搞明白了。这种学习方法就是"费曼学习法"。

费曼学习法给我们的启发是用**学习输出的成果来倒逼自己掌握更加扎实的知识**。沿着这个思路，学习中输出的成果不仅可以讲给别人听，还可以应用这个知识解决问题，输出的成果就是应用后的成果。

因此，建议组织中的任何学习活动，都要求参与者有输出，从简单到复杂，包括写笔记、转化成自己的PPT、撰写行动计划、工作中应用后的总结报告等。

《哈佛商业评论》发布的一些研究表明，良好的学习环境已经成为吸引和挽留员工的重要条件。组织要想使内部"人才济济"，就不得不打造一个高浓度的学习场，这包括持续激发员工的学习动机，学习动机是学习的必备要素，如果没有强烈的学习动机就很难有学习行为；要采取有效的学习方法，尤其是不要认为学习就是传统的听课、看书，要带着问题和团队共同学习，更为关键的是要推进员工的刻意练习，力求让员工的个人成果沉淀为组织的方法论；领导者要打造美好的学习环境，让知识流动起来，让学习无处不在，让成长成为习惯。

练习工具

请评估一下你所在组织或团队学习场的浓度，如果用 1～10 分打分的话可以打几分。

维度	现在分数	可以采取哪些行动提升
员工学习动机		如何激发员工的内外部学习动机
组织学习环境		如何促进内部知识的流动，让学习随时发生
组织学习方法		如何在团队里实践组织学习五原则

第一篇小结

组织能否保持强劲学习力的根本还在于组织文化，因此我们第一章简要分析了让组织拥有强劲学习力的五个基因。

进一步看，打造学习力的领导者尤其是创始人和高管需要以身作则，率先垂范，热爱学习、积极成长，并将这种文化传递给员工，我们分享了四类学习方式。

最后，我们强调组织本身就是"一所大学"，是"一个学习场"，并从三个要素剖析如何打造一个学习场。其中组织学习五原则将作为后面两个篇章的基本原则，在介绍具体的学习方法时会贯彻这些原则。

PART 2 ◀ 第二篇

团队共学方法
追求群智涌现而非孤芳自赏

一个团队的成长过程是其工作的底层方法论沉淀、应用和迭代的过程。查理·芒格曾提到：**在商界拥有一条非常有用的古老法则，它有两步：**

第一步，找到一个简单的、基本的道理；

第二步，非常严格地按照这个道理行事。

团队找到简单的、基本的道理（沉淀方法论）只是第一步，让员工严格按照这个道理行事（转化为行为）是第二步。同时团队不能因循守旧，应在刻意练习中深度复盘反思，对原有方法进行更新迭代。

本篇提出团队进步的公式：团队进步 =1.0 版本 × 刻意练习 × 复盘迭代。

1.0 版本是指团队工作的底层方法论，先构建一套 1.0 版本的方法论，将能力建立在组织之上，而非停留在个体上。显然这个方法论不是一成不变的，是需要持续迭代的，今天迭代出的版本就变成明天进步的最低要求，成为新的版本。

如第一篇讲到，工作就是个学习场，要在工作中实践并验证 1.0 版本的方法论，找到优化之处，持续迭代。团队工作方法论迭代并复制推广的速度就是团队进化的速度，因此这个 1.0 版本永远是个虚数，因为一直在迭代。

得到（罗辑思维公司）开发了《得到品控手册》，并每年向社会发布。《得到品控手册》在 2021 年已经更新到 7.0 版本。实际上公众能够看到的版本一定是过时的版本，因为《得到品控手册》每天都在更新。得到也在通过向大众公开的方式来倒逼团队持续迭代。

为了更深入地阐释团队进步公式，我们概括了"知－行－思"学习环(见图 P2-1)。在接下来的三章中分别阐述在团队中如何构建知识体系,如何推动刻意练习和如何促进团队深入思考及复盘迭代。

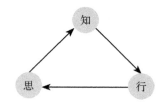

图 P2-1 "知-行-思"学习环

第四章 ◀ CHAPTER 4

知
让优秀经验形成体系并流动起来

我曾经做过几年咨询顾问,让我受益最大的是在新员工入职时参加过的咨询顾问训练营,我在这个训练营中学习了1.0版本的咨询顾问底层方法论,包括调研需求、项目设计、项目规划、报告撰写等具体的操作方法。

但我做咨询顾问的这家公司后期发展遇到了很大的瓶颈,仔细回顾整个公司的运营情况,除了战略选择等方面的问题外,我认为更大的一个问题在于这个1.0版本的方法论只是一个通用的方法论,公司并没有构建其各细分领域的专业方法论,比如战略咨询、渠道规划、营销策划等,这些细分领域要解决的问题差异很大,不能寄希望于用一个通用的方法流程来解决不同的问题。咨询领域竞争激烈,在不同细分领域都有顶尖的咨询公司，我们公司聚焦一个行业，对于该行业的研究很深，但是在细分领域竞争时就会遇到更加资深且专业的对手。这时候考验的是公司在专业领域的深入研究。

由此可见，团队要构建理性的方法论，不仅要构建一个大而全的体系，更关键的是能够拆分出众多工作任务（或子流程、子课题），并针对这些工作任务去构建 1.0 版本的操作方法。

比如，人力资源部下面有招聘、薪酬绩效、培训、劳动关系等岗位，每个岗位都可以构建起自己的知识体系或操作手册；销售团队需要构建从获取线索到推动成交，再到后期关系维护的操作手册。思考一下，你所在的团队有多少个岗位？每个岗位是否构建起自己的操作手册？新人以此操作手册刻意练习 3 个月是否能够达到胜任本职工作的水平？

一、为什么要构建团队知识体系

2005 年乔布斯在斯坦福大学的毕业演讲中说，人生就是"把珍珠串成线"，也有人将其翻译为"串起生命中的点点滴滴"。

几年前，我去给一家公司进行培训，其人力资源总监对我说，团队中的培训经理很爱学习，市面上经典的培训专业书籍他都读过，还参加过几个培训经理的认证班。我问：培训经理看起来是很爱学习，不知道他的工作业绩如何？贵公司是否构建起自己的培训管理体系？该公司的人力资源总监迟疑了，不知道怎么回答我。

《聪明教学 7 原理》一书中提到，专家和新手，在知识的组织方式上存在着显著差异。和学生相比，老师就是专家，老师经常会在脑海中无意识地创造并储存起一个复杂的知识网络，这个网络把重要的事实、概念、程序与本领域中的其他要素联系起来，而学生就没有这样的本领。

比如记忆一组信息，学生经常会强行记忆一个个信息，在短时间里或许记得住，但时间一长就忘记了。老师就不一样了，老师具有知识组块的策略，会将需要记忆的一组信息转化为一个自己熟悉的知识组块。如果信息量比较大，就组成若干个知识组块，然后把3～4个知识组块，组合成更大规模的组块，并按照层级结构把大规模的组块整合到更高水平的群组中。

本书向你推荐"吸星大法式"学习法，学会将他人的知识合理借鉴、为我所用。在学习任何知识时，要判断这个知识能否纳入自己的知识体系，所以我主讲的几门课程都会有独有的体系，而非其他的体系，哪怕是1.0版本的逻辑并不是很严谨，但是我会先构建出来，剩下的工作就是填充和迭代。所以建议团队要构建自己的知识体系，这个工作不用依靠人力资源部或培训部门，其实团队通过日常积累就可以做到。但要有人承担此项职责。

学习是一个从发散到聚敛、从零散到系统的过程，一直处于散状学习状态会很难形成系统，难以实现知识间的连接和整合，无法构建起知识点的合力。如果学习伊始就构建一个牢不可破的僵化系统又会出现不易吸收新知识的问题。比如，我在学习设计领域，最开始的学习是散状的，业内的各种流派和技术我都去学，自己感觉有效的方法论也会在工作中积极实践，然而当这种散状的知识量达到一定规模的时候，我们就必须构建自己的知识体系了，所以我构建了自己的学习项目设计方法论——BETTER，如图4-1所示。

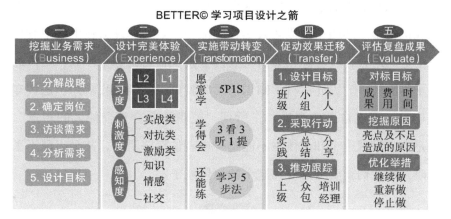

图4-1　BETTER© 学习项目设计之箭

图片来源：微信公众号"组织学习力"。

构建之初我自认为这个知识体系是非常具有逻辑性且容易操作的，然而随着学习和实践的深入，我发现在其中的一些点上必须有所侧重和突破，尤其是赢得利益相关者支持、激发学员深入参与这两点，其在原有的知识体系中并不突出，但是这两点在学习设计中又是不容忽视的非常重要的知识组块，因此我重构了原有的知识体系，构建了六度学习设计模型，如图4-2所示。

构建此六度学习设计模型后，我在学习和实践中，会不断吸收他人的方法论，同时在实践中复盘自己的方法论，这些方法论会被吸收到我的知识体系中去。如我在看《刻意练习》这本书时，发现这里面的方法论要解决的就是六度学习设计模型中的实践度部分，即如何将所学知识点转化到工作和生活情境中。因此我就将《刻意练习》中的方法论融入我的六度学习设计模型的实践度部分；而当我在学习教练技术时,老师所讲的学习的四个阶段,很好地诠释了从无意识无能力到无意识有能力的学习转化,这个过程也是一个刻意练习的过程,因此我也将学习的四个阶段融入实践度部分。具体体现为在生活中看到一个好的广告,我会想到如何将其借鉴到项目营销这个环节,类似的例子不胜枚举。因此,有了知识体系后就可以不断吸收新知识迭代知识体系,形成自己的逻辑。正所谓"逻辑体系会整合他人的观点",但是一旦发现这个知识体系不能整合或者说有些牵强,甚至出现不平衡时,那我们就要考虑重构这个知识体系了。

图 4-2 六度学习设计模型

二、要构建什么样的团队知识体系

具体来看,知识体系要呈现以下 3 个特征:

1. 延展性强

延展性强是指知识体系能够较好地去概括或者说囊括该领域的相关知识，能够有一个弹性的边界将相关知识包容进来，只有这样才能将他人的知识"吸为我用"。很多人将岗位知识统称为专业知识，并没有分类，这种不具体的词汇很难具象化整合自己所学的知识，比如销售的沟通能力算不算专业知识，再比如人力资源部的员工，其非常重要的一项能力是与业务部门的沟通，如果仅仅强调专业知识，那就会陷入专业的怪圈，忽视了与外部的交流。

2. 概括性词汇

基于第一个特征，知识体系需要有二级目录，二级目录的用词要尽量采取概括性词汇，这样的词汇也应该具有包容性，是归类性词汇，而不是非常细节性的词汇，如在教学设计的整体框架中，"挖掘需求"比"调研访谈"这样的词更显得包容和概括。再比如在打造战略规划的过程中，"设计营销策略"就比"设计促销方式"更容易归类。

3. 逻辑性强

逻辑性强是指要能够将知识体系内各模块的内在联系清晰地展示出来，只有这样才能便于后期学习。而内在联系包括知识体系内整体模块间的关系、细分模块间的关系，这是考验我们对一个领域研究深入度的重要表现。如高效能人士的七个习惯，用下面的逻辑图展示了其逻辑，如图 4-3 所示。

图 4-3　高效能人士的七个习惯

三、如何构建团队知识体系

（一）沿用他人体系然后拓展到自己的体系

在每个领域都会有大师，他们可能已经构建了很好的知识体系。我们完全可以先借用他们的知识体系，形成知识体系框架，然后在学习中不断突破直至构建自己的知识体系。

比如平衡计分卡是一个非常好的理论框架，可以用在战略规划或绩效管理中，我曾经用这个理论框架来整合我自己所学到的管理学知识（我本科和硕士的专业都是企业管理）。如我会把战略管理、财务管理的相关知识放在财务层，任何与财务指标相关的知识都可以放在这个层次；而营销学的相关知识则放在客户层；运营管理、供应链管理、质量管理等相关知识放在内部运营层；人力资源、企业文化的相关知识放在学习与发展层。尽管这个理论框架看起来很大，却对我系统化学习专业知识有很大的帮助，甚至我在考研复试的论文中也应用了这个理论框架，得到了指导老师的高度认可。

再比如营销学的经典模型4P（product，price，place，promotion），所以我在大学里学习营销学时的知识体系框架也是4P，相信大部分学过营销学的朋友都熟知4P经典模型。后来随着理论和实践的发展，发现4P经典模型在新的商业环境中显得过于传统了，所以有学者就开始研究出4C（Customer，Cost，Convenience，Communication）、4R（Relevance，Reaction，Relationship，Reward）等相关知识体系。如果你从事营销岗位，建议你可以在这些知识体系框架的基础上再构建自己的知识体系框架，将他人的知识为己所用。

在日常工作中，团队可以共创出一套团队成员能够达成共识的知识体系，这会成为团队成员沟通的话语体系。在此基础上，团队中的每个人可以评估自己能力的短板，然后有针对性地学习和提升。比如，有一个销售人员，发现在向客户呈现方案时有一项重要的能力是演讲能力，而其在这方面与团队中最优秀的伙伴之间还有差距，那么演讲能力就可以成为该销售人员日后主攻的学习方向。

（二）自创1.0版本，然后升级迭代

有些领域可能没有经典的知识体系，或者是我们希望构建自己的知识体系。团队可以通过头脑风暴先构建一个可能并不十分成熟的知识体系，哪怕是感觉起来并不够严谨，也要先构建一个1.0版本，实现从0到1的突破。

不要过于追求完美和马上得到他人的认可，因为这个知识体系是团队自己使用的，首先是团队成员喜欢，团队成员容易理解记忆，然后小步快跑，快速迭代。

比如，我的朋友麦三石老师，他有多年的销售经验，很早就构建了一个关于销售人员的素质模型，他认为优秀的大客户销售应该具备"**一心，二赢，三实，四力，五知**"这五种素质，如图4-4所示。具体而言，**一心**是指进取心，**二赢**是指销售与客户的双赢，**三实**是指真实、诚实和扎实，**四力**是指觉察控制力、学习思考力、沟通执行力、反思反馈力，**五知**是指行业知识、客户知识、公司知识、销售知识、生态知识。一心是销售的目标，二赢是销售的理念，三实是销售的态度，四力是销售的能力，五知是销售应该具备的知识。我认为这不仅仅是一个模型，更是每一个销售人员可以参考的知识体系，以此来整合自己所学的知识，判断自己能力的短板。当然，麦三石老师自己也承认这个模型未必全面合理，但这确实是一个起点，知识体系可以不断迭代优化。

图4-4 销售人员的素质模型

那具体到构建自己的知识体系应该遵循什么样的步骤呢？

第一步，归类。

就是将你所知道的所能够想到的该领域的所有内容进行分类，比如 4P 的逻辑就是一种分类逻辑，把营销领域的知识和技能概括到 4 个维度；人力资源 6 大领域，分为人力资源规划、招聘、培训、绩效、薪酬、劳动关系，也是将人力资源的工作归成 6 类。

从大的逻辑来看，一个体系的模块数不要超过 7（因为人们意识能关注到的模块数不会超过 7），一般来看 4~6 个模块是比较合适的。

第二步，梳理一级（主模块）关系。

从整体结构来看，模块之间基本有两种逻辑关系，分别是串联和并联，串联又可以被称为流程步骤法，由于各模块之间有时间的先后顺序，甚至有输入和输出关系，结构相对严谨，所以流程步骤法是非常常见的逻辑方法，如教学设计的 ADDIE⊖、绩效管理的 PDCA。在 PDCA 中，第一模块计划（Plan）环节所输出的具体行动计划就是第二个模块执行（Do）的输入；在执行模块输出的执行结果就是第三模块核检（Check）的输入；而核检输出的结果又成为下一步优化（Action）环节的输入。所以在串联逻辑关系中，会存在上一模块的输出就是下一模块的输入的内在联系，其环环相扣，步步为营。

并联被称为关键要素法，也就是对领域内的关键要素进行分类，形成内在较为并列且相互影响的结构。比如前文提到的 4P，四个模块之间是并联关系，但它们也是相互影响的，比如产品是基础，其目标客户定位、功能、价值等就决定了价格、渠道和促销等方面的策略；而价格策略也会影响渠道合作策略和促销策略；渠道策略的不同

⊖ ADDIE: Analysis（分析）、Design（设计）、Development（开发）、Implementation（实施）、Evaluation（评价）。

也会影响价格策略和促销策略；反过来促销策略又会对产品定位、价格策略产生影响。所以尽管是并列的关系，但各模块并不是孤立存在的，而是互相影响产生作用并合为一体。

第三步，梳理二级（子模块）关系。

子模块的细化逻辑和一级目录的逻辑是一样的，要不断对每个模块进行知识（技能）切分。但需要说明的是，即使主模块是串联关系，也不能说子模块一定是串联关系，也可能是并联关系。如"拜访客户"的知识体系（见图4-5），拜访前的准备可以再细分为：调研客户资料、设计拜访策略、准备拜访话术三个步骤，三者间是串联关系；而拜访中的推动成交又可以拆分为拉近客户关系、挖掘客户需求、呈现产品优势、处理客户异议和推动达成交易五个环节，同样是串联关系；拜访后的关系维系可以分为个人情感维系、个人工作维系、组织情感维系和组织工作维系四种维系，属于并联关系。

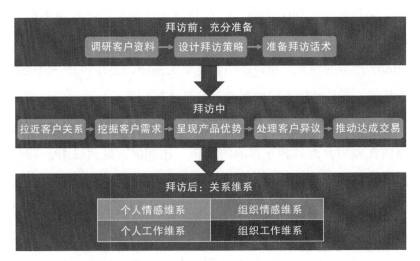

图4-5 "拜访客户"知识体系

在形式上可以按照我的方法，也可以用逻辑树的方式，只要便于自己理解和应用即可。

在知识体系构建中，不太建议对三级模块再进行这样逻辑严密的细分，因为在具体的细节性知识和技能方面我们要保持足够的开放度和延展性，如果再进行这样的细分就有可能破坏掉这样的开放度，造成在后期学习过程中，反而因为这种严格的逻辑要求而遗漏掉一些知识。比如在"拜访客户"这个知识体系中，设计拜访策略，你可以把能够想到的策略总结出来，但是并不一定是全面的，可以在后期实践中不断填充和完善。海绵之所以能吸收更多的水分，正是因为其柔软、有弹性、有缝隙。

基于"团队进步=1.0版本 × 刻意练习 × 复盘迭代"的理念，我们不要期待一劳永逸。团队管理者可以定期打开知识地图，一是反思团队在哪个领域有了进步，还有哪些不足之处；二是复盘团队的工作经验和学习心得，看在哪一个知识板块可以填充内容，三是审视这个知识体系是否有些地方还不够合理，哪里可以迭代。

练习工具

请评估你所在团队是否已有成熟的知识体系，如何才能更好地推进知识体系构建工作？

你所在团队中有哪些岗位？	该岗位是否有成熟的知识体系？	准备如何构建？	如何构建知识体系持续迭代机制？

第五章 ◀ CHAPTER 5

行
如何让团队产生行为改变

美国心理学家 K·安德斯·埃里克森说过:"决定能力强弱的关键因素既不是聪明,也不是学习时间,而是刻意练习的程度。"

职场精英都是学习高手,可以持续进化,不断更新自己。每天的工作就是职场人的修炼。

我们看一个案例,两个刚毕业的大学生进入同一家大型企业,经过短暂的入职培训后开始做销售,过了三年两个人的业绩相差巨大,其中一个业绩突出成为储备销售经理,而另一个却面临着业绩不达标被辞退的危险。经过研究,除了常规我们能想到的原因外,他们在拜访客户的方式上竟然相差巨大。

升职加薪的员工,在拜访客户的前一天就会对即将要拜访的客户做深入研究，思考拜访客户的策略，并像过电影一样想象整个拜访的过程，思考可能碰到的挑战，并虚心向师傅请教。遇到非常重要的客户，他还会和室友进行模拟演练，以求做到最好。在去拜访客户的路上，会在大脑里再过一遍整个拜访的流程。不管拜访的结果怎么样，他在回公司的路上，会再复盘一遍整个拜访的过程，找到其中的亮点与不足，并拟定下次拜访的策略。回到公司后，他会将拜访经验总结整理留存。而另一个面临被辞退的员工，在去拜访客户的地铁上，会掏出手机玩游戏或者和女朋友聊聊天，拜访结束后回公司的路上继续玩游戏、看朋友圈。

其实，在职场中最有效的学习方式就是"在实践中学习"，而所谓的在实践中学习并不是进行重复性工作，而是"每天进步一点点"，不断更新优化自己的工作系统。比如，上文优秀的员工，他在拜访客户的过程中，从前期准备到回程复盘，总共有 5 个学习动作，而且是高效学习；而另一个员工充其量是在与客户的沟通中学习了一次。显然两个人的进步速度会相差至少 5 倍。所以优秀的员工不仅会工作，而且更重要的是会学习。

这是个体的学习行为，作为团队负责人，如何在团队中放大"干中学"的效果，而不能仅依靠员工个人的努力和毅力？如何才能持续推进团队中的刻意练习？其根本就是要打造工作中的学习场，让行为改变成为团队学习的最终输出。

一、练习要行为化

一次我和某公司的 CEO 探讨员工成长问题，他问我到底怎么衡量员工培养的效果。我说："你想想看,你心目中的优秀员工会成长为什么样子?就说一个特征吧。"他脱口而出一个词:"积极!"我继续追问:"他们都做了什么,让你觉得他们是积极的?"他说了很多行为,其中有一个就是当领导者布置一项工作后,员工会快速执行,并在关键环节或者是执行结束后给予领导者反馈。我说:"你看,我们首先要让员工知道企业对于他们的要求,并且这个要求要尽量行为化,而行为化是可以刻意练习的。

其实,领导者对于员工的要求很多时候是模糊的,只能称之为对员工能力或素养的要求,比如积极主动、善于沟通、情商要高等,而这些正能量的词汇如果不能行为化,就很难进行刻意练习,也很难在短时间内看到效果。

将对员工能力或素养的要求行为化的过程,我们称之为行为画像,其目的就是用行为打造一把尺子,不是为了测度员工的短板,而是我们有一个共同努力的方向和目标,而且这些行为是可以刻意练习的。

我曾多次为方太集团的关键岗位的员工设计训练营,用得比较多的一个工具就是行为画像。曾经有一个项目是为研发干部设计训练营,众所周知研发干部往往都是优秀的工程师,对于他们的培养肯定不是侧重于技术方面,而是应该重点提升其在领导力方面的能力,但是如果直接引进其他的领导力课程,就会缺乏针对性。所以我和方太集团相关人员经过商谈,再结合方太文化,对优秀研发干部进行了行为画像,如表5-1所示(基于保密性原则,我们对部分内容进行了处理,此表仅为示例)。

表 5-1　领导力行为画像（示例）

维度	行为描述
目标管理	能清晰界定工作任务，并能对下属清晰阐述任务背后的意义和价值
	在与下属沟通目标时，能征询下属的想法，并给出建议
	确定目标时，能够和下属达成共识
	能阶段性跟进下属任务进度，并能及时发现问题、解决问题
下属培养	能够以易于接受的方式向下属反馈其能力短板并给出改进建议
	当下属面对困难时，能与其共同克服困难或给予其示范性指导
	经常组织团队成员进行标杆经验分享和复盘，促进团队整体能力提升
沟通与激励	能够及时对下属的工作表现/成果给予反馈
	除了关注下属的工作，还会关怀下属的生活状态（非正式沟通）
	在团队工作中能够鼓励下属说出自己的意见和想法并认真倾听
	能合理给下属分配有挑战性的任务，鼓励下属大胆尝试
自我修炼	能够经常反省自身存在的问题，并勇于改进
	勇于承担挑战性任务，并坚决完成，不轻易放弃
	工作中能够深入现场，不脱离实际情况做出有效决策
	在日常工作中，能够站在用户的角度思考问题，有效决策

在行为画像时，我们要对每一项行为进行可视化细颗粒度处理，要求团队员工对其中的行为没有歧义或者理解一致。

一是只有可视化，员工才能清楚努力的方向，才能够通过训练养成这些行为，并进行评估；二是颗粒度小的、易于操作的行为才容易在工作中刻意练习，而模糊的、颗粒度大的能力很难评估和练习，其过高的挑战性也会让员工望而却步或不知所措。所以，领导者不应该反复要求员工去践行一些口号性的理念，而应该向员工去描绘出每个人需要具备的优秀行为。

回到本章开始的案例，分析一下优秀员工的行为是不是可视化的？这些行为是否可以在销售团队中进行刻意练习？

有读者可能会想到，有些能力和素养很难行为化，比如影响力、战略思考、目标管理等。其实用一个公式就能解决这个问题，即"具有优秀的_____能力的人，会在什么场景下表现出哪些行为？"，然后就可以在这些场景下进行刻意练习了。

如果细化影响力的行为，可以问"具有优秀的影响力的人，会在什么场景下表现出哪些行为？"这里的场景可能包括沟通表达、与人协作、推动变革等场景，然后再细化不同场景下的优秀行为。

同样，战略思考可以问"具有优秀的战略思考能力的人，会在什么场景下表现出哪些行为？"这可能体现在战略与策略制定、目标分解、经营分析、重大决策等场景，然后再细化不同场景下的优秀行为。

需要说明的是，尽管要求的能力名称相同，但每家企业对细化出的行为的要求不一定相同，要根据自己组织的特点进行细化，并在团队中达成共识。

二、练习要目标化

（一）坚持"少就是多"的原则

《重新定义团队》一书中提到谷歌打造学习型组织的3大原则：

原则1：只在已经证明能够改变员工行为的课程上进行投入；

原则2：让最优秀的员工教学；

原则3：进行刻意练习，将课程分成易于消化的小块，给出明晰的反馈意见，并不断重复这个过程。

其中第三条就是要把学习的内容拆成小块进行刻意练习。为什要拆成小块？道理很简单，学习如吃饭，要吃一口嚼碎了咽下去再吃下一口，而且人每餐能进食的量是有限的，每餐要消化后过一段时间再吃下一餐。

比如一名员工从大学毕业入职到胜任工作需要一定的时间，而管理者的责任就是通过干预手段来缩短这个时间。但是我们不能寄希望于将所有员工任职岗位的相关知识点全部告知员工后，他就能够马上胜任。比如一个销售课程有10个知识点，就可以拆成至少10个训练周期，每个训练周期仅仅刻意练习1个知识点，直到员工熟练掌握后再进入下一个训练周期。

在前文提到的方太的研发干部训练营，一共10多个行为，每个行为看起来好像都没有那么复杂和具有挑战性，也没有蕴含什么高深的理论知识。但是如果真的将培训行为变成自己的行为形成肌肉记忆，那又是极大的挑战。

在移动互联网时代，我们获取知识的渠道越来越多，从大部分员工的文化水平来看，理解这些知识也并非难事，而最具有挑战性的是如何跨越"从知到行"的鸿沟，这时候一个非常重要的原则是"少就是多""一口吃不成胖子"，在技能提升上要有耐心和技巧。

《哈佛商业评论》讲到了这样一个案例：

故事的主角叫汤姆，是某"世界500强"公司的中层销售经理。经过10多年的打拼，他的日子过得不错——薪资丰厚，广受众人喜爱，口碑一贯不错。但经过360度评价，汤姆需要提升表达能力。

汤姆决定向一位沟通技巧很棒的同事求教。那位同事给了他很多建议，尤其提到了一点：既然下笔有困难，不如多采用面对面或是电话交流的方式。不过,汤姆发现这么做也有难度:还没怎么开始实践,就又忍不住发邮件,因为他习惯一刻不停地查邮件、回复邮件,觉得打电话不方便。于是,他开始每天只在特定的时间查邮件,这样就能强迫自己多给人打电话或是面谈。虽然只是一个小变化,但效果很出乎意料。他的同事们不再一天到晚随时找他,改为打电话和见面交流后,同事找他谈事情时也明显专心了许多。他们双方都发现新的沟通方式更有效率,效果也更好。汤姆也发现跟同事面对面交流时,联系变得更紧密了,一方面他的注意力会集中在眼前的人身上,不会分心看手机;另一方面他能实实在在地听到对方的语气、语调,观察对方的肢体语言。结果,他从交流中获得了更多信息,同事们也觉得他更能听得进去意见了。

在关注沟通方式的同时,汤姆也开始注意谈话内容。他的同事建议他记录下自己在谈话中命令有几次,提问有几次。汤姆还记下批评的次数(建设性的批评和指责性的批评分别记录)和鼓励的次数。谈话时增加提问和鼓励效果立刻彰显:团队成员开始迅速理解他的意思,他也不用多次重复同样的话。好几个团队成员还明确感谢他,允许他们有机会表达自己的观点。

像汤姆一样,你也可以在30～60天看到自己切实的改进。如果没看到,说明你采取的行动没效果。不过,工作技能通过练习才能逐步提高,汤姆的进步就比较有代表性。15个月之后,汤姆又做了一次360度评价,结果显示他在鼓励他人方面已经超过82%的参与者。

在这个案例中,汤姆有很强的自驱力,能严格地按照同事的建议进行刻意练习,持续地督促自己。但能够如此自觉刻意练习的人并不多，团队中的大部分人难以通过自我驱动进行刻意练习。

（二）定期练习确定的技能点

建议团队领导者在每个月评估一下团队成员的能力水平，评估出团队具有共性的能力短板，找到一个具体的技能点作为团队当月的学习主题。我在国药大学时为当时的团队设计了一个学习活动，叫"对对碰"，即每个月会有专门的同事围绕着一个话题进行分享，并推动团队共同进行刻意练习。

那如何界定这个技能点？

除了前文讲到行为可视化外，还有两条标准：

第一，具体的工作场景，比如在拜访客户时，用提问方式深入挖掘客户需求；如果改为与客户沟通，那画面会很模糊，不够具体，没有详细描述员工的工作场景，很难进行刻意练习；

第二，该技能点比较重要且使用频次高，这样才能在一个时间段内提升刻意练习的频次，并将技能点固化成行为习惯。

（三）设定衡量练习效果的标准

确定了刻意练习的技能点后，还要设置衡量该刻意练习是否有效的过程性指标，比如销售人员是否因为提问技能的提升会拉长拜访时长或者是挖掘回更多的业务线索；领导者是否因为倾听技能的提升，在与员工沟通过程中，自己表达的时间占比会减少。对于难以通过过程性指标来进行衡量的技能点，比如在研发干部行为画像中提到的"能清晰界定工作任务，并能对下属清晰阐述任务背后的意义和价值"

这条行为很难找到过程性指标进行衡量，我们可以定期开展360度评价，如让其身边同事来进行评价，以评估刻意练习后的效果。

显然这种衡量次数不能太多，因为这种衡量方式无法快速给员工反馈。这时候就要有人成为员工的"镜子"，一般由领导者或固定的导师来承担这样的角色，对员工进行观察并及时给予其反馈，帮助员工更快地进步。

因此上级是最好的导师角色，因为他们本来就具有帮助下属提升能力的职责。此外，有些企业会培养内训师，内训师的重要作用不仅是为企业员工讲课，其更大的作用在于可以在日常业务中承担起知识传播者和导师的角色。如果每个团队都至少有1位内训师，那么当员工遇到问题时或者需要反馈时，就可以快速找到支持者。

三、练习要场域化

刻意练习很容易半途而废，就像很多人办了健身卡但往往去不了几次一样。要产生行为改变是反人性的，是需要耗费能量的。所以本书一直提到"学习场"这个概念，在团队中产生共同进步的场域能量，可以帮助员工克服惰性。

在华为，销售团队经常模拟常见的客户拜访场景，一人扮演客户，另一个人练习登门拜访，旁边的人观察。这一轮演练结束之后，角色互换。这个过程很有趣，通过对不同角色的扮演和观察，彼此会看到自己的不足，继而强化训练。练习多了，熟能生巧，在客户拜访时就不会恐惧了，进而提高了拜访水平。我在管理咨询公司时，优秀的演讲（汇报）能力是咨询顾问的核心能力，有一段时间，我们会在下班前集体练习演讲技能，组织者会临时找一个PPT，不管是什么主题，发给当天要参加演练的同事。该同事会简单准备一下，然后给其他同事演讲，以此锻炼其临场发挥能力。练习结束后，其他同事予以反馈，如有必要会再讲一次，直到大家认为他达到了要求。

打造共同练习的场域，可以从三个方面强化。

（一）提示的力量

《福格行为模型》中提到了一个行为改变公式，即B=MAP，其中M是动机（Motivation），A是能力（Ability），P是提示（Prompt），在书中作者强调了提示的重要性。

提示是一种非常有效的方式。如果你参加了一项培训，或者学习了一个知识，在没有人提示的情况下，很可能过一段时间就忘记了。我们要将需要练习的技能嵌入工作，就要有提示机制。《福格行为模型》中分享的均为个人如何自我提示的方法，而本书基于团队共同学习，提出在团队中的3种提示方式：

1. 互相提示

优秀团队的一个特征是相互担责，同事间对于工作中做得不到位的行为应予以提示。进一步地我们看到他人的改变也是对自我的一种提示。团队中也可以组建学习小组，设置学习搭档，互相提示、监督和鼓励。

2. 固定人提示

提示的人可以是管理者自己，也可以是被指定的轮值敲铃人，比如有公司在推行 OKR（Objectives and Key Results，目标与关键成果法）时，每天固定时间会有人在群里提示大家"你今天 OKR 了吗？"，在每周固定时候提示大家"你本周复盘了吗？"。

3. 环境提示

除了靠人来提示，还可以通过外部环境提示，比如张贴海报，在每个人办公桌上贴"小贴士"。我去字节跳动讲课时，就在字节跳动的办公室、会议室甚至是卫生间看到关于价值观的一些小贴士，提示员工践行这些价值观。

在线技术已经在帮助大家解决靠人来提示的问题，比如市面上流行的 OKR 落地系统中就会有定时提示功能，提示员工定时复盘和更新 OKR 进度，包括一些在线学习平台，也会在固定时间提示员工进行刻意练习。

提示时机的设计非常关键，一定要考虑到员工的工作场景，做到不违和地嵌入员工的日常工作，而不能过多影响员工的正常工作。

（二）庆祝的力量

除提醒外，及时庆祝、肯定和鼓励也是促进刻意练习的有效手段。庆祝活动是给大脑的强化信号，在团队中，每一次小进步都要有庆祝。记得我去阿里巴巴参观时，阿里巴巴销售团队的每个员工手中都有一个 KTV 里活跃气氛用的手掌拍，当有人成交后，就会马上拿起手掌拍活跃气氛，其他人也会跟着拍起来。

我们往往认为庆祝活动必须是正式的，要有组织，有设计，有领导发言和颁奖等。这些在正式活动当然是必要的，但是在刻意练习的过程中，更需要及时庆祝、肯定和鼓励，哪怕只是大家互相鼓掌，也是在给大脑一个积极的反馈。

尤其是团队领导者，要及时地肯定员工刻意练习的行为。比如一句赞美的话，拍拍肩膀，请员工喝咖啡，在群里点个赞，都会夯实刻意练习的效果。正所谓"天下难事，必作于易；天下大事，必作于细"，再具挑战性的工作都要从当下做起，从细节抓起。

（三）反馈的力量

有人做过一个实验，即三组人分别向20公里外步行：

第一组对目的地、沿线路段和路程长短毫不知情，只被告知跟着向导走，路边也没有路牌，走了四五公里后有人叫苦；走一半路程后有人几乎愤怒，抱怨为什么要走这么远，何时才能到；离终点只剩下三四公里时，有人甚至停在路边不愿意走，坚持到终点的人只有大约一半。

第二组知道目的地名称和路段，但路边没有路牌，他们只能凭感觉，估计行程和距离走到一半时，大多数人想知道他们已经走了多远。比较有经验的人说大概走了一半，又簇拥着向前走，走到全程的3/4时，大家情绪低落，疲惫不堪，路程似乎还很长，当有人说快到了，大家又振作起来，加快了步伐。

第三组不仅知道目的地名称，而且路程中每公里就有一块里程碑。他们边走边看，每缩短1公里，便有一小阵欢呼，行程中，大家用歌声和笑声来消除疲劳，情绪高涨，很快就全员到达了目的地。

通过这个实验，我们发现，反馈就是让人知道自己是否在正确的轨道上，并且能激励人持续往前推进。

反馈是激发学习热情的必要因素。任何改变都是循序渐进的，又是相对耗时耗力的，因为这要求人们不断突破自己，一点点跨越到想要的高度。职场中的点滴改变不太像体育训练那样较为明显地看到效果，所以职场中改变技能后的愉悦感可能不会太强烈，这就需要周围的人尤其是员工的上级能够及时给予下属反馈，来激发其成长动机。除了上级和导师的反馈外，同事间的反馈也是一种有力的补充。

除了积极反馈外，还可以有纠正性反馈。佛克曼顾问公司在2014年做过一项调研，收集了近千人的反馈数据。调研者发现，尽管赞美可以带来愉悦，但多数人还是认为，同积极反馈相比，纠正性反馈更能帮助他们提高水平和能力。

以下为该调研得出的几项统计数据：

57%的受访者表示，他们希望获得纠正性反馈而不是积极反馈。

72%的受访者认为，如果他们收到更多的纠正性反馈，他们的水平和能力将会得到进一步的提高。

92%的受访者同意："负面意见如果反馈得当，有助于提高工作水平和能力。"

如果在组织内形成坦诚反馈的鼓励文化，无疑将会促进员工的能力成长和绩效提升，反馈也成为一种重要的学习手段。但大部分人在面对他人对自己给予纠正性反馈时都会有压力，所以在反馈方面，有的团队通常是"只有对方问起才提供反馈意见"，或者"公开表扬，私下批评"。

奈飞是鼓励坦诚反馈的典范，这得益于他们的创始人里德·哈斯廷斯以身作则，率先垂范。我们往往认为，培养坦诚反馈的第一步是从最简单的步骤开始，即领导者向员工提供大量反馈。但里德·哈斯廷斯建议首先将重点放在更困难的事情上面，即让员工向领导者坦诚地反馈。他欢迎他的员工向他坦诚反馈，他甚至在公开场合讲，自己因为收到批评意见而感到喜悦。

很多人认为"说好听的话"是情商高的一个表现，但是如果我们发现的问题或需要改进的点不能及时得到反馈，就失去了即时学习的机会，甚至会影响团队绩效，所以我们不能倡导一味地赞美或者无反馈，在团队中要鼓励互相"照镜子"，以成长作为根本出发点，而非一味地追求一团和气。

最后，为了进一步方便团队进行刻意练习，我们将练习技能点分成三类：智慧技能类、人际技能类和动作技能类。

智慧技能类，即需要通过思考、设计等来分析和解决问题的技能。战略解码、问题分析和解决、结构化思维等，均属于此类型的技能点。

人际技能类，指涉及人与人互动场景的技能，包括一对一沟通、一对多和多对多沟通等。领导力课程中很多技能如辅导下属、绩效反馈、汇报工作、开会、谈判等，都属于此类技能。但这些技能还可以再降低颗粒度，比如提问、聆听等。

动作技能类，一般指动手操作的技能，比如点钞、使用 Excel 和 PPT、设备操作和维修这类技能点。

基于练习要行为化、目标化和场域化的原则，我们可以在团队中按照表 5-2 中的方法推进刻意练习工作。

表 5-2　三类技能点的刻意练习方法

技能点类型	场景	建议练习方式
智慧技能类	一般是公司业务发展中的重要节点，比如战略解码、绩效方案制定、OKR 目标拆解、月度经营分析（复盘）	1. 每次在使用该技能点前系统学习，明确标准要求； 2. 在实际操作中刻意练习
人际技能类	日常工作场景使用，找到技能点在日常工作中的应用场景，比如提问和聆听的场景可以是辅导下属、拜访客户；激励下属的场景可以是日常开会、绩效反馈	1. 明确行为要求，练习目标和练习频次； 2. 如有必要，可以模拟练习
动作技能类	一般是正式上岗前，或者是学习一项新技术（如新设备、新系统）时	短时间大量刻意练习

练习工具

1. 试着为团队中某个岗位的员工进行行为画像。
2. 针对某个技能点设计刻意练习计划。

练习的技能点	评估目标	练习方式和频次	如何提醒和鼓励

3. 如何推动团队养成刻意练习的习惯？

CHAPTER 6 ◀ 第六章

思
用提问引发团队进行深度思考与达成共识

彼得·圣吉认为，形成"深度会谈"是开展团队学习的精髓。而提问则是引导团队进行深度思考和有效沟通的必要手段。

正所谓"好问题胜过好答案"，管理者要用好问题启发员工深入思考，联结员工间的思想，在解决工作难题的同时提升团队能力。有一项研究表明，与低绩效团队相比，高绩效团队有着更积极向上的情绪。而低绩效团队的"探寻度"很低，也就是提问度低，而其"主张度"高，即坚持某一特定的看法，缺乏对他人意见的倾听。⊖对于提问的重要性，正道领导力中心创始人刘澜坚定地认为："如果要我选一种最重要的领导力能力，我就选提问能力。"

⊖ 来自《改变提问，改变人生》。

管理者在团队发展中多采取提问的方式可以提升团队的开放性、打造学习氛围、解决问题、提升绩效，也是管理者个人领导力的修炼。

一、提问是领导者的重要能力

美国著名的管理学者、"企业文化之父"埃德加·沙因认为提问的本质有三个[一]：

（1）谦虚：不认为自己的观点一定是标准答案，不认为自己掌握所有知识，不去要求别人承认你是对的，这就是谦虚。只有谦虚的人，才懂得提问。

管理者在提问（探询）时的语气语调至关重要，尽管是提问，如果语气语调是趾高气扬的、质疑的，那其实还是一种封闭式态度，对方感知到的不是你在提问，而是一种气势上的压制。

（2）保持好奇心：一个人自认为自己不知道全部的事情，所以才能对他人所说的东西充满好奇，这是一种求知的态度，是开放的境界和成长性的思维，是通往学习者心态的捷径。

管理者在提问时要保持好奇的态度，让对方感知到你是真的期望得到他的答案，这对你很重要，能让对方感觉到重视和尊重。

（3）建立关系：你向他人提问，就是在传达一个信号——他人是可以教给你东西的，是可以与你互动、与你建立关系的。

基于以上分析，判断是不是好问题有四个标准：

[一] 来自《关于领导力，你过去的思维都是错的》。

一是足够开放,不是只让对方回答"是"或"否"的问题,只有开放性问题才能更深入潜意识。

二是引发思考。马上就能够回答的问题仅仅是为了获取信息,而非引发思考。好的问题要引发对未知领域的深入探寻,要让脑神经元发生更多新的连接,形成新的建构。

三是促进行动,不管是什么样的问题,在思考之后是要行动的,因为学习是在实践中发生的,所以引发行动就要能够和具体情境产生联结,产生新的行为方式。

四是培养成长型思维,在第一章我们提到了成长型思维,好的问题是可以培养团队的成长型思维的,比如领导给你的团队分配了挑战性的目标,你压力巨大,一筹莫展,这就是固定型思维带来的压力。你会想:我现在就这么几个人,市场环境这么差,老板这是异想天开。而具有成长型思维的人则会想:如果要完成这个目标,我应该需要什么样的资源,需要多少人?如何才能实现这个目标?如何才能赢得领导支持?

如表 6-1 所示,你可以看出"坏"问题和"好"问题之间的差异。

表 6-1 "坏"问题和"好"问题

"坏"问题	"好"问题
你哪里做错了啊	我们看看如何提升呢
这件事太难办了吧	我们看看如何解决问题
我们这么做就可以了吧	我们看看还有更好的方法吗
你凭什么觉得他很好啊	你看他有哪些具体的良好表现
你难道不觉得这件事很难落实下去吗	我们看看有什么方法执行

除了兼顾问题的质量外,在团队共同讨论问题时,还需要关注讨论的流程。要确保每个人都能够积极参与。2013 年的一项研究表明,

会议的相关性、让每个人都有发言权和把控好时间，是确保大家参与的关键因素。在红杉资本创始合伙人沈南鹏与黑石集团共同创始人及首席执行官苏世民的一次对话中，苏世民提到："我相信，而且我们告诫大家，集体决策可胜于个人决策，并且决策应当建立在深入分析的基础之上。任何决策过程，都应列出所有的风险因子，然后召集6~8个非常聪明的人组成团队，让他们以开放的方式分析这些信息。我们黑石的文化是不要有旁观者。如果你在场，就必须发言。你必须说出你自己的想法，而不是别人的想法。"

团队沟通效率差，往往就是团队成员没有在一个频道上进行沟通，比如我们在策划一个营销方案时，有人在发表创新的做法，立马会有人跳出来说这种创新存在的困难和挑战；我们还没有明确该项工作的目标时，有人就开始考虑由谁来执行更能胜任（或者是考虑如何才能让自己少干点），大家都觉得自己有道理，是因为都是在自己的频道上进行思考。作为管理者，既要扮演提问启发者，又要引导整个讨论流程调整频道。

基于解决问题的流程，我们可以将提问方式分成四类，为了容易记忆和操作，我们称之为"立体化提问"，如图 6-1 所示。

向上问：要问出我们想要的目标、我们共同的追求、我们想要的梦想。

向后问：问出背后的原因，找出我们的假设，不轻易下结论，透过现象看本质。

横向问：问出更多的解决方案，启发大家发散性思考，不满足于简单解释。

向下问：不仅停留在想法层面，更要将想法落实到具体的行动计划上。

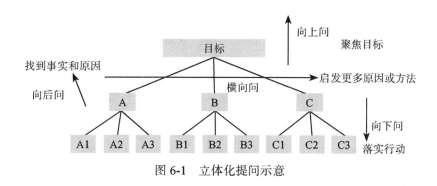

图 6-1 立体化提问示意

二、向上问，聚焦目标，达成共识

很多人以为使命、愿景、价值观是虚的，是挂在墙上的口号，但基于灯塔模型的思考，明灯只有发光发热，照射到企业的日常运营中去，才会发挥作用。个别企业说的和做的不一致，把企业文化做虚，那么这个灯塔就是灰暗的，或者只是照向外部的，没有渗透到组织的日常决策和行动中。

正因为如此，理性思维是需要刻意练习的，逐步让理性的方法变为企业的日常运营系统，决策时才会高效。如何才能做到刻意练习呢？中高层管理者要学会升维思考，关注大局，指挥方向，而非停留在日常细节中。人的意识空间是有限的，如果管理者过多地将精力放在细节中，就很难跳出框架升维思考。

比如，如果有员工来向你汇报工作："领导，如果推行这个制度，恐怕会给咱们部门带来一些麻烦，尤其是我统计起来会比较烦琐，然后还要解决各部门工作量不平等的问题，处理起来容易引起其他部门对我们的不满，所以建议暂且不推行这个制度了。"

面对这样的下属，你会如何应对？如果你马上思考怎么解决他的统计烦琐问题，思考到底要不要取消这项制度，那你就被降维（不是降维打击的降维，这里指思维的高度被降低）了，你的思维被带到了一个较低层面。

在这个案例中，管理者要向上升维，要和员工共同思考：推行该制度是为了解决什么问题，对于公司和部门整体有什么帮助？如果有帮助就要推行，至于如何推行，如何解决推行中的困难，需要大家共同想办法，而对于个别员工在这项工作中的困难，需要他自己想办法克服，而不是因为有一点困难就放弃。

这样的例子很多，管理者被员工思考问题的角度给带偏，被带入非常细节的问题中。不是说管理者不考虑细节问题，而是管理者思考问题的出发点应该从全局出发，从系统高度思考问题，不要将更多的精力放在细节上。

要多思考"为什么""是什么"，而不是一上来就思考"怎么做"。作为一个团队的管理者要经常站到更高的企业高度思考问题：

"基于企业的使命、愿景、价值观，我们需要做什么？"

"这么做会给公司发展带来什么价值？"

"将军赶路，不追小兔，我们应该坚持的大方向是什么？"

"我们的团队应该秉持的理念是什么？什么是团队的共同追求？"

爱因斯坦有句话："你无法在问题产生的层面解决问题"，所以任何人都要学会升维思考，赋予一项工作更高的意义和价值。

什么是向上问？先读一则故事"为什么非要等天黑"㊀。

第二次世界大战期间，苏德双方激战正酣。一天，苏军统帅朱可夫接到斯大林密电，要求苏军必须在一周内的某个夜晚，对人数远远超过自己的德军发起偷袭，彻底摧毁他们的防线。接到密令后，朱可夫立刻查看一周内的天气预报，发现有一天晚上是阴雨天，非常适合进攻。于是便将偷袭定在那晚。

就在一切准备就绪时，当晚的天气却由阴转晴，月亮照亮了整个夜空。苏军如果此时出击，定会被德军发现。但此时已是箭在弦上不得不发了，有参谋向朱可夫建议，既然偷袭不成，那就只能正面交火了。这一建议立即遭到其他人的反对，因为德军人数众多，这样做无疑是以卵击石、自取灭亡。

就在大家一筹莫展时，朱可夫灵光一闪："各位，我们为什么选择夜晚进攻德军？"

"因为天黑，对方看不清我们呀。"大家异口同声地答道。

"好，那我们设法让对方看不清我们，不就行了？何必非等到天黑！"

大家茅塞顿开。

"但用什么方法才能让德军看不清呢？"有人问道。

朱可夫想了想，有了！他命令手下将全军所有的大功率探照灯集中到一起，然后将这些探照灯分配给打前阵的冲锋连。

当天晚上，苏军偷袭的战役正式打响。刚开始，德军以为苏军不

㊀ 来自《读者》2012 年第 20 期。

可能偷袭成功，因为老天站在他们这边，但当冲锋连将几百盏探照灯同时打开，射向德军阵地时，形势一下子发生了逆转——刹那间，极强的灯光将隐蔽在防御工事里的德军照得什么也看不见，更别说开枪了。就在此时，苏军一拥而上，很快便赢得了胜利。

很多时候我们走得太远，而忘记了为什么出发。等待天黑是举措不是目标，或者说是完成目标的举措之一。当我们明确了要实现这一目标的举措时，为了完成该目标可能会有更多其他的办法。

第一篇讲到微软 CEO 萨提亚·纳德拉在 2014 年上任后一直问："还不到那个 10 年的末期，我们就差不多完成了（比尔·盖茨提出的）这一使命。那么接下来呢？下一个使命是什么？"

在这个案例中，其实纳德拉一直在问的（思考的）就是我们想要的未来是什么？要找到足以号召人心的共同追求。在日常工作中也会经常遇到这样的情况，比如在人力资源部研讨一个人才培养项目时，大家会花更多时间和精力讨论选哪些课程，选哪个老师，设计哪些好玩的形式，却忽视了人才培养的项目是什么。

在此我们分享一个非常有启发性的模型——罗伯特·迪尔茨逻辑层次模型（见图 6-2），这个模型将思维层次分为愿景、角色、价值观、能力、行为/行动和环境六个维度。如何看到更大边界？可以通过提问引发团队去思考上面的三个层次，而不局限于下面的三个层次。

作为团队管理者，在研讨中要把握讨论问题的目标，将讨论的焦点统一到一个共同的起始点上。要找到任何措施、行动、做法、任务背后的目标、意义和价值，还要不断通过引导让大家就此达成共识。

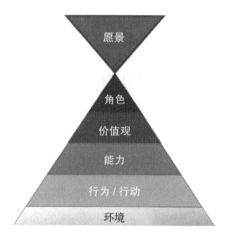

图 6-2　罗伯特·迪尔茨逻辑层次模型

作为管理者,在大家沉迷于各种想法、困惑、解决方案时,应该先问大家"我们的目标是什么"。

具体的问题清单有:

- 我们的目标是什么?我们想要什么?
- 我们要得到的成果是什么?
- 我们开展这项工作的目标是什么?
- 实现目标的标志是什么?
- 如何衡量我们的目标实现了?
- 想象一下,我们想要的最理想的状态是什么?那是一个什么样的画面?

三、向后问,深挖问题背后的原因

作为管理者,如果有员工这样向你汇报工作,你怎么办?

- 领导，最近客户投诉很多。
- 领导，我觉得咱们需要多请客户吃饭了。
- 领导，最近客户满意度下滑很厉害。
- 领导，我认为咱们需要降低产品价格。
- 领导，我觉得这个应聘者不错。

其实这些都是未经过深入思考的表面现象描述或者是表面解。字节跳动非常喜欢组织研讨会（头脑风暴），张一鸣要求员工深入思考。什么是深入思考？深入思考就是要深挖问题的问题、原因的原因，找到最接近真实的假设。这就是我们为什么说要向后问，当然也可以说向深问、向深挖，不满足于表面解。这是我们在工作中学习的重要路径。

面对对方结论性的观点或发言，可以用表 6-2 的向后问问题示例来引导。

表 6-2　向后问问题示例

员工观点	向后问
最近客户投诉很多	客户投诉的原因是什么
我觉得咱们需要多请客户吃饭了	你的理由是什么
我认为咱们需要降低产品价格	为什么
我觉得这个应聘者不错	你这样判断的理由是什么
领导，客户收入增加了，我们的销量是不是会大增	你的假设是什么？两者是否存在直接关系

向后问的关键在于问"为什么"，问出每个人背后的假设和思维模式，启发团队成员共同思考问题的本质，这是深度会谈的要义。需要说明的是要把握提问的语气、语调，不要用质疑的语气，而是用探询的语气，目的是探询未知，开拓思维，而不是批判质疑。有时候可

以多换一些说法，比如你这样判断的理由是什么？你的假设是什么？你这样想的出发点是什么？导致这个问题的深层次原因是什么？

下面是一个非常经典的问五个"为什么"的案例。㊀

美国首都华盛顿广场的杰斐逊纪念馆年深日久，建筑物表面出现斑驳，后来竟然出现裂纹，采取若干措施、耗费巨大仍无法遏止。政府非常担忧，派专家们调查原因，找出办法。后来报告交上来写明调查结果：最初以为蚀损建筑物的原因是酸雨，但是研究表明，冲洗墙壁所含的清洁剂对建筑物有酸蚀作用，而该纪念馆墙壁每日被冲洗，冲洗次数大大频繁于其他建筑，因此受酸蚀损害严重。

为什么要每天冲洗呢？因为纪念馆每天被大量鸟粪污染。为什么纪念馆有那么多鸟粪？因为纪念馆周围聚集了特别多的燕子。为什么燕子喜欢聚集在这里？因为建筑物上有燕子最喜欢吃的蜘蛛。为什么这里的蜘蛛多？因为墙上有蜘蛛最喜欢吃的飞虫。为什么这里飞虫多？因为飞虫在这里繁殖得特别快。为什么？因为这里的尘埃最宜飞虫繁殖。为什么？尘埃本无特别，只是配合了从窗子照射进来的充足阳光，正好形成了特别刺激飞虫繁殖兴奋的环境，大量飞虫聚集在此，以超常的激情繁殖，于是给蜘蛛提供了超常集中的美餐，蜘蛛超常聚集，又吸引了燕子聚集流连，燕子吃饱了，就近在纪念馆上方便……

解决问题的结论是：拉上窗帘！杰斐逊纪念馆，因为拉上了窗帘，至今仍然屹立在华盛顿广场上。

在这个案例中，通过问这么多"为什么"，最终找到了最根本的

㊀ 吴士宏. 逆风飞飏 [M]. 北京：光明日报出版社，1999.

原因。深入探究问题，找出原因背后的原因，应成为团队深度思考的方法。不追求表面解才能找到真正的解决问题的方案。

比如，我辅导的一家客户从事面向企业用户的业务。成立多年来它擅长的是客户关系拓展和运营，但是它一直未建立独特的产品研发能力。表面原因是缺失研发方面的人才，深挖是不够重视，再挖是投入不足，但更根本的原因是缺乏战略定力和长期主义，根本还在于公司缺乏战略转型上的魄力和韧性。

四、横向问，跳出思维的框架，找到更多可能性

为什么要横向问？原因有三个方面：一是当一个人被一件事拖入泥潭而无所适从时，我们需要做的是把他拖出泥潭，让他看到更多的意义；二是在运用一个方法没有效果时，要适时地跳出框架找到更好的方法；三是当讨论完善一种方法时，可以想想是否有更好的方法。

横向问是在我们找到最深入的原因和假设后，来探索更多的解决方案，启发"水平思维"，看到事物更多维的内容，找到可能的更有效的创新性的方法。对水平思维最简单的描述是："你不能通过把同一个洞越挖越深，来实现在不同的地方挖出不同的洞。"这里强调的是寻求看待事物的不同方法和不同路径。更关心的是"可能性"和"可能是什么"，我们可以努力地提出不同的观点和解决方案。

第一，直接问"还有呢？"

当大家讨论非常激烈或者陷入停滞时，可以暂时停顿下来。向参

与者提问"这里有另外的可能性吗""那是唯一的解决方法吗",让大家静默思考,不要发出声音。这时候反而可能会有更多更好的观点。

管理者一定要从内心相信员工的智慧,认为员工一定还有更好的解决方法,要启发大家多思考,给员工思考和表达机会。常用的问题可以有:

- 还有更好的方案吗?
- 还有别的选择吗?
- 还有其他的可能性吗?
- 还有其他原因吗?
- 基于我们的目标,还有哪些解决方案?

第二,挑战性提问"有没有更好的方法?"

其应用场景是,当我们想出了很多方法解决问题,但是无法确定哪个是最佳方法,或者是对这些方法还不够满意。或者在一些重大决策中,没有人提出不同意见,我们更要小心决策偏差。这时管理者可以扮演"挑战者"的角色,问:"还有别的更好的方法吗?还有别的选择吗?是否还有其他的可能性?"

1983 年,桂格燕麦公司(Quaker Oats)CEO 威廉·史密斯伯格成功收购了一家体育饮料公司——佳得乐。在史密斯伯格提出的所有方案中,这次收购被证实是最成功的。正如他自己所说,"事实上,我们是从零开始打造佳得乐。"佳得乐的成功改变了桂格燕麦公司的运作模式。

1994 年,史密斯伯格提议以 18 亿美元的惊人价收购另一家饮料品牌——斯纳普,其背后的逻辑是买下一家像佳得乐一样的饮料公司,再创成功。斯纳普和佳得乐一样,在其自身市场上已经很成功,只不过开发略微不足。正如在收购时担任桂格饮料部门总经理的唐·尤滋所说:"佳得乐拥有优秀的销售和营销团队,我相信我们知道如何打造品牌,我们知道如何拓展业务。我们的期望就是收购斯纳普并将其打造成第二个佳得乐。"

这时整个管理层面临的选择好像只有一个"是否需要收购"的问题。但当时根本没有人对此提出挑战,桂格管理层认为斯纳普和10年前的佳得乐一样,是一个高潜力品牌,并且相信将佳得乐打造成大品牌的营销经验同样适用于斯纳普。所以,在整个决策过程中都缺乏一个"挑战者"的角色。结果,斯纳普的市值没有像佳得乐那样飙升,反而因为债务负担可能拖垮整个公司。3年后斯纳普以3亿美元的价格被卖了出去。威廉·史密斯伯格也因此辞去了CEO的职位。

在一次谷歌的产品讨论会上,埃里克·施密特、谢尔盖·布林和拉里·佩奇(埃里克·施密特为谷歌时任首席执行官,谢尔盖·布林和拉里·佩奇为谷歌创始人)因为新产品的一项主要功能起了争议。当时与会的成员大约有20位,几分钟的讨论后,埃里克·施密特中止了会议,并在当天下午与谢尔盖·布林和拉里·佩奇聚在一起继续讨论。埃里克·施密特发现,两位创始人不仅与他的看法不同,就连他们两人之间也存在分歧。因此埃里克·施密特说:"好吧,决定权就交给你们俩了,但你们必须在明天把决策拿出来。"翌日中午,埃里克·施密特来到他们三人在43号楼共用的办公室,问道:"你们两个谁赢了?"两人给出的答案很符合他们一如既往的风格:"其实吧,我们又想出了一个新办法。"事实证明，这个新办法为问题的解决提供了一条最佳途径，就这样，三人达成了共识。你看，即使在二选一的时候，也可以停下来思考有没有更好的解决方案。㊀

我曾参加混沌大学的创新领教训练营，在领教训练营中，经常需要分组比拼思维模型，这也是团队学习的一种高效方法。在竞赛中，既要判断领教所讲模型的应用性、洞见性，还要评估每个人的表达能力。因为是小组共同完成作业，要在小组中选一个最优秀的成员代表小组去参加小组间的比拼，在小组内选拔时我们发现有的成员领教模型很好，但是表达能力弱了点；有的成员表达能力很好，但模型不够精彩。最后我们选择了模型更精彩的成员代表全组去比拼。但是现在回想起来，其实我们还有更好的选择。如果我们问"除了二选一，有没有更好的选择呢？"，其实有一种更好的选择：小组中选取一个最好的模型进行打磨，然后交给表达能力最强的成员去比拼。所以，问"有没有更好的方法"（Why Others），可以帮我们跳出原来的边界和思维陷阱，看到更广阔的空间。

综上，在团队中要珍惜那些意见相左者，尤其在进行重大决策时，不要急于达成一致意见。作为团队管理者甚至可以有意识地问一句："我们欢迎不同意见，大家还有别的选择吗？"

第三，反向问（反共识）

反过来想，是查理·芒格众多智慧中的经典之一。我曾经到字节跳动讲课，看到墙上贴着这样一张海报，如图 6-3 所示。

㊀ 来自《重新定义团队：谷歌如何工作》。

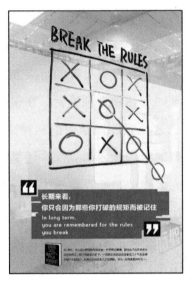

图 6-3 "打破常规"海报

字节跳动对该海报的解释是：优秀的公司，往往具有打破常规的勇气和力量。作为一家科技公司，打破常规也是我们的追求。张一鸣曾在一次分享中提到，创业就是用不一样的视角看待世界，你可能先于别人看到了不一样的东西，创业就是把这些非常规的想法实现出来。

我们并不想简单地重复别人做过的事情，而是努力向前看，为行业和社会创造新的增量，做别人没做好的事情。为了鼓励创新，字节跳动在管理上强调"Context, not control（情景管理，而不是控制管理）"，公司内部保持信息透明，不制定太多复杂的制度。

当我们已经默认一种商业模式、行业规则、思维习惯时就需要警惕了，是否有更具创新性的做法？在新的商业场景下，是否可以找到新的解决方案？我们需要经常问"Why Not（为什么不这样做呢）？"，也就是"反过来想"。

"反过来想"可能帮我们找到一种新的业务模式。比如，当所有人都默认钢琴培训只能在线下开展的时候，你要问"为什么不能是线上？"，所以有了音卓公司的线上培训模式。当所有专家都认为酸奶必须是低温才能保持其营养和菌群作用时，有的乳制品公司却想"为什么不能是常温？"，所以现在单品销售额较高的酸奶就是伊利的常温酸奶安慕希。

所以，反常识的提问方法就是鼓励大家跳出原有的思考路径，试着思考当前方案的反面是不是也是一种好的解决方案。

第四，问"可以打几分？"

在沟通中，问"可以打几分"往往是用于评估，比如我做咨询顾问时，询问一位客户对某产品的看法，她的回答是"还不错。"

我问她："您认为这款产品还有什么不满意的或需要改进的地方吗？"

她回答："说不上来。"

于是，我问她："1～10分，您可以给这个产品打几分？"

她想了想，回答："8.5分吧。"（你看，1.5分的差距足以让我问出优化空间。）

我用舒缓上扬的语气、语调问："您想象一下什么样的产品是您理想的10分产品呢？当前这个产品如何改进才能成为您想要的10分产品？"

她描述了心目中10分产品的样子，给出了一些针对该产品的优化建议。

如果在团队沟通中，作为管理者对于员工提出的很多想法并不十分满意，或者希望团队能够想出更理想的方案，就可以问"我们对目前的方案可以打几分？"。相信大部分时候不会有满分的答案，这个时候就可以追问"还有没有更好的方案？怎么样才能达到10分？"。

切记不要用压迫式提问的方案，这里要用舒缓的、期待的、上扬的语气、语调，发自内心地相信团队的力量。

五、向下问，将解决方案落地为实际行动

我们都参加过很多会议，有些会议过程中讨论得热闹非凡，有不同意见时争得面红耳赤，达成共识时如遇知音，但是最后没有结论和行动计划，缺乏后期的跟进机制，就没有了下文。尽管比那些死气沉沉的会议要好，但没有行动计划的会议仍然是低能量的，是无效的。

再优秀的方案也需要落实到实际行动上，向下问就是将想法变为现实。将方案变成具体的行动计划，这是不容忽视的一步，利益相关者能否就接下来的行动计划达成共识，是判断一个会议是否成功的重要标准。

在向下问时，我们要问：如何执行？谁来执行？每一步的里程碑是什么？如何衡量方案是否成功？

举个例子，如果你们公司就发展线上业务已经达成共识，那就要讨论："如何推进渠道下沉工作？""由哪个部门的谁来牵头负责？""需要哪些部门配合？""具体要分成几个阶段，每个阶段用多长时间

完成？节点是什么？"这时候我们前面提到的 OKR 就会比较有用，OKR 可以帮助参与者对齐目标，聚焦重点，分解动作，量化结果与评分机制，推进执行。

常见的向下问问题清单有：

如何实现这些目标呢？判断目标是否达成的标准是什么？

那接下来我们应该怎么落地执行？

如何分工？

如何保障这些举措的落地？

在执行过程中可能会遇到哪些困难？如何克服这些困难？

需要采取哪些行动？第一步做什么？

如何判断实现了开始的目标？衡量标准是什么？

六、复盘，促进在工作中的深度反思

前面四类提问方式是基于问题分析和解决的逻辑，但还有一种有效的团队思考和学习的逻辑，这就是在前面章节提到过的复盘。复盘本是围棋术语，本意是下完一盘棋之后，重新在棋盘上把对弈过程摆一遍，看看哪些地方下得好，哪些地方下得不好，下次如何改进。

目前复盘已经成为很多企业在日常管理中经常应用的团队学习方式，较早开展复盘的是联想，华为也十分注重复盘。华为轮值董事长徐直军在一次讲话中指出："复盘是每一个项目在关键里程碑或项目结束时的总结活动，每打一仗就复盘一次，不断总结经验，提升作战能力。"可见，日常工作后及时复盘是萃取经验的最佳手段之一。关于复盘，必须强调的是复盘并非将工作过程回顾总结一遍，更不是找问题、挑毛病、纠责任，而是要找到工作中的优秀经验，挖掘其底层规律，放大其作用。

在美国，最早采用复盘方法的是美国军队，他们将其称为"行动后反思"（After Action Review，AAR）。美军对 AAR 的定义是"对一个时间的专业讨论，以绩效表现为核心，重点放在帮助参与者自己发现发生了什么，为什么发生，如何保持优势，以及改正缺点"。[⊖]

典型的复盘有四个步骤，分别为"回顾目标—评估结果—分析原因—总结经验"。复盘中可以参照的提问清单如表 6-3 所示。

表 6-3 复盘中可以参照的提问清单

步骤	提问清单	说明（属于哪类提问方式）
回顾目标	当初实施该项目的真正意图是什么？ 我们设定的目标是什么？ 当初设定的衡量目标是否实现的标准是什么	向上问，再次询问目标
评估结果	实际发生了什么？ 哪些目标（成果）已经实现？ 其是如何发生的	对现状的提问，客观评估结果，是向上问和向后问中间的连接
分析原因	实际结果和目标有哪些差异？ 对我们的表现可以打几分？ 针对好的方面： 有哪些要素推进了这样的成功？为什么会成功？ 针对不好的方面： 什么原因造成的？ 更深层次的原因是什么？ 更根本的原因是什么	向后问，深入探寻推进成功的关键要素，挖掘问题发生的根本原因，有没有盲区，有没有认知障碍
总结经验	我们学到了什么？ 有哪些经验（教训）可供他人借鉴？ 如果再重新做一遍，我们会怎么做？ 接下来要采取哪些行动	向下问，萃取出经验，推进进一步的行动

⊖ 来自《复盘：解决人生问题的自我引导法则》。

具体关于复盘流程和技巧，有兴趣的朋友可以查阅更翔实的资料进行学习。本书要强调的是，复盘提倡的是学习模式而非证明模式，具体体现在，很多企业的复盘会变成了总结会、批判会或邀功会，而没有将复盘设计成一种学习模式；在实施复盘中仅是走流程，主持人没有通过深度提问来引发参与者的深入反思，没有邀请参与者毫无保留地表达观点；在复盘中没有打破团队的固有认知，找到盲区，没有实现深度会谈。

其实，除了团队复盘外，作为管理者在日常工作中也可以用提问的方式对员工进行一对一复盘，以引发员工深思，提升员工能力。

《重新定义团队：谷歌如何工作》的作者拉斯洛·博克（Laszlo Bock）在书中分享了一段其在咨询公司工作的经历：我在1994年做咨询师的时候有幸与弗兰克·瓦格纳共事，他现在是我们谷歌人力运营部的核心领导之一。每一次拜访客户之前，他都会把我拉到一边，问我问题："你这次会议的目标是什么？""你觉得每位客户会怎样回应？""你打算如何引入一个难解决的话题？"我们开完会之后，在开车回办公室的路上，他又会问一些问题，迫使我学习："你采用的方式有效吗？""你学到了什么？""下次你想试试哪些新的手段？"

我称此种方法为"九点五点理论"，也可以称为"朝九晚五理论"，具体指员工早上9点正式上班前要刻意练习某个技能点，下午5点下班后要复盘全天的工作，尤其复盘该技能点在实际工作中的应用效果。你可以试试看。

总结一下，这些提问方式可以应用于团队开会共同解决问题时，既是提问的四个方向，也是研讨的步骤流程，从目标到原因，再到解决方案，最后是落地计划。这些方法同样可以应用于一对一辅导和沟通场景中。

切记不要成为"一言堂"式的领导者，一个过于喜欢自我表达的领导者往往会关闭团队思考的通道，削弱他人提出建议的意愿，让自己成为团队的边界。这样的团队看起来一团和气，执行力强，实则熵增严重，缺乏活力。

而带着探寻的好奇的提问可以启发团队更深入和更广泛地思考，这是团队开展共同学习非常重要的方式，有利于团队在碰撞中达成共识，也有利于团队间经验和思维的流淌，实现群智涌现。

最后，为了便于读者练习，我们用提问清单（见表6-4）来汇总所有的提问。

表 6-4 提问清单

提问类型	适用场景	问题清单
向上问	1. 让团队看到共同的目标，达成共识； 2. 让团队学会升维思考	• 我们的目标是什么？我们想要什么？ • 我们要得到的成果是什么？ • 我们开展这项工作的目标是什么？ • 实现目标的标志是什么？ • 如何衡量我们的目标实现了？ • 想象一下，我们想要的最理想的状态是什么？那是一个怎样的画面
向后问	1. 让团队深入思考，找到问题本质； 2. 寻找每个人背后的假设	• 你这样想的理由是什么？ • 你背后的假设是什么？ • 你为什么会给出这个建议？ • 你有什么论据吗
横向问	1. 让团队跳出思维框架，找到更多可能性； 2. 激发团队创新	• 还有呢？ • 还有更好的想法吗？ • 其反方向是否可行？ • 可以打几分？如何提高这个分数

（续）

提问类型	适用场景	问题清单
向下问	1. 将想法拆解为执行计划； 2. 推动落地执行	• 如何实现这些目标呢？判断目标是否达成的标准是什么？ • 那接下来应该怎么落地执行？ • 如何分工？ • 如何保障这些举措的落地执行？ • 在执行过程中可能会遇到哪些困难？如何克服这些困难？ • 需要采取哪些行动？第一步做什么？ • 如何判断团队实现了开始的目标？衡量标准是什么？

练习工具

1. 以上四类提问方式，你觉得自己哪类提问方式的技巧需要增强练习？
2. 你准备在哪些场景练习提问技能？
3. 衡量练习是否有效的标准是什么？
4. 你将如何提醒自己进行刻意练习以养成习惯？
5. 如果取得进步，你将如何庆祝？
6. 你准备如何在团队中引发深度会谈？

第二篇小结

本篇的整体逻辑是基于"团队进步 =1.0 版本 × 刻意练习 × 复盘迭代"的公式拆解为"知－行－思"三个要素，其中：

知：建议团队要构建每个岗位的知识体系，也就相当于解开了每个岗位的成功密码，这就是团队进步的基础，员工每天都可以对这个体系的优化做出贡献。

行：未被应用的知识就是一堆"信息垃圾"，因此团队管理者要持续推进团队的刻意练习，将被验证有效的方法转化为每个员工的行为。

思：随着环境的变化，要求这个知识体系进行迭代升级，因此团队要学会深度思考和会谈，提问是引发团队深度思考的重要方法，所以我们分享了提问清单，并着重强调了要通过复盘来促进团队能力的提升，以此来持续迭代团队的知识体系。

需要说明的是，本篇分享了多种"学"和"习"的方式，而这些学习方式也会在第三篇进行说明。

PART 3 ◀ 第三篇

组织学习方法
将能力构建在组织之上

在第一篇，我们介绍了组织学习氛围的打造，第二篇分享了团队共学的"知－行－思"学习环。本篇将介绍组织学习的具体方法，组织学习与个体学习最大的差异在于，组织学习要面向战略和业务需要，我们占用工作时间投入成本进行学习，要得到回报，组织要在解决问题的过程中沉淀知识，提升组织能力。

因此，要基于问题的类型和复杂程度匹配有效的学习方式。而什么是问题？其实是指现状与目标（理想状态）之间的差距，在组织中我们可以简单分为：为实现未来战略目标组织在能力上存在的差距和当前业务发展中遇到的问题（也表现为现状）。

第一步：判断要解决的问题是什么

企业在每年年初制定战略规划时，会盘点组织当前面临的问题，在日常工作中尤其是定期复盘中也会发现一些需要解决的问题。这里简单分享3个在挖掘组织问题时可以参考的工具，对于这3个工具感兴趣的读者可以购买相关书籍或寻找相应的学习资料进行深入研究。

工具1：平衡计分卡

很多企业基于平衡计分卡（见图P3-1）来进行战略解码，规划出各部门在新的一年中的重点工作。这时候组织要整体评估完成这些工作可能面临的问题，然后寻找最有效的解决方法。

平衡计分卡财务层面的指标就是整个组织需要完成的业绩指标，而客户层面是前端部门要实现的目标，这个目标要拆解出市场开拓面临的挑战；内部经营流程层面主要体现为中端和后端需要去推进的工作，要拆解出中端和后端在支持前端方面的问题，以及提升组织运营效率方面的挑战。

第三篇 组织学习方法：将能力构建在组织之上

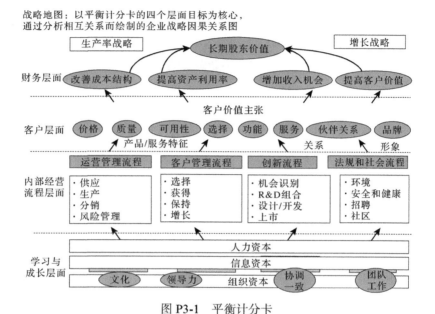

图 P3-1 平衡计分卡

平衡计分卡的第四个层面也是最基础的层面是"学习与成长"，而这恰好是很多企业容易忽视的层面。在欧美国家，在战略解码过程中，人力资源部或企业大学是重要的参与者，因为其他三个层面指标的实现都需要落实到人身上。

很多企业的战略无法落地，除了战略本身存在问题外，对战略缺乏清晰的描述和解码也是关键原因。平衡计分卡给我们提供了一种战略解码的思维模式，更为关键的是解码出关键"战役"，以及在关键"战役"下组织方面的能力短板，对于能力短板我们应判断采取什么样的措施予以提升。

工具2：杨三角

杨三角（见图 P3-2）给了我们一个非常好的思维和诊断模型，它可以诊断组织战略制定得是否清晰准确；组织是否拆解出具体的"战役"和举措；未来在实现战略的过程中或者过去在完成战略的过程中，是否存在"容不容许""愿不愿意""会不会做"的问题。

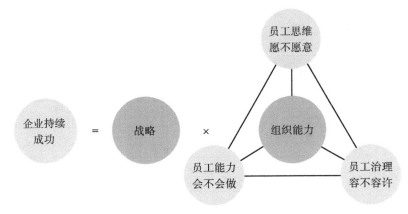

图 P3-2　杨三角

要说明的是"容不容许"属于组织架构、制度、流程的问题；"愿不愿意"属于绩效、激励和文化的问题；"会不会做"是员工的能力问题，当然能力问题也不全是缺乏培养，还可能是招聘存在问题，招聘到的人不合适。

杨三角也是构建组织能力时的一种思维逻辑。只有精准分析组织存在的问题，才能采取针对性的举措予以解决。

工具 3：OKR

OKR 是一套明确目标、跟踪目标、关注目标完成情况的管理工具和方法，由英特尔公司首创，后被引入谷歌使用，并在谷歌发扬光大，在 Facebook、领英等企业也被广泛使用。2014 年，OKR 传入中国。自 2015 年起，百度、字节跳动等企业都逐渐使用和推广 OKR。

其中 O 是指 Objectives，即目标；KR 是 Key Results，即关键成果。那么 OKR 就是设定组织和团队的目标，同时要有可衡量的关键成果。OKR 可以帮助我们将战略解码后，推动各团队和各岗位将战略执行落地。OKR 还可以帮助业务单元拆解出员工需要执行的关键动作，评估在取得关键成果的过程中存在的短板和挑战。

大部分使用 OKR 的企业会战略解码至行动举措，建议团队在进行战略解码时找到能力短板以及弥补能力短板的方法，而不是在后期执行过程中遇到问题后再寻求解决方法。

下图的 A 是指 Action，是实现目标的行动举措；G 是指 Gap，即团队在实施这些行动举措时存在的问题和痛点；而 L 是指 Learning Needs，即具体的学习需求，为了解决这些问题和痛点，团队需要学习哪些技能。基于 OKR 的战略解码如图 P3-3 所示。

O 目标是什么？	KR 如何衡量目标实现？	A 行动举措	G 目前的问题和痛点	L 具体的学习需求
完成业绩指标*亿元。	6月底前，新增客户数量××家。	A1：大范围寻找目标客户 A2：有效拜访客户 A3：提升客单价 ……	G1：如何找到更多的客户 G2：如何提升预约成功率 G3：如何呈现产品的差异化优势 G4：如何搞定客户关键人 ……	L1：客户拓展方法论 L2：客户约访技巧 L3：产品介绍话术 L4：搞定客户关键人的方法 ……
	老客户业务增量*亿元。	A1：持续维系 A2：发现新的合作机会	G1：如何提升产品黏性 G2：客情维系的套路 G3：如何从产品思维转化为解决方案思维 ……	L1：客户使用行为观测方法 L2：客情维系套路 L3：解决方案销售 ……

图 P3-3　基于 OKR 的战略解码

战略解码出行动中的关键挑战后，我们就能够确定能否通过组织学习的方式来提升组织能力，解决这些关键挑战。

第二步：判断内部是否有解决该问题的成功经验

针对以上分析出的问题，我们通过两个维度可以拆分成四个学习象限。

先判断内部是否已经有这个问题的解决方案，是否已经有团队或团队成员有优秀的经验。如果内部已经有解决方案，显然这个问题的复杂程度就比较低，解决起来相对容易一些，那么对于组织的要求是尽快复制这些优秀的经验。

进一步看，如果这些解决方案只是隐藏在某些优秀团队成员或团队中，这些解决方案就属于隐性知识，我们的关键任务是将这些隐性知识萃取出来使其显性化，然后复制推广，这种状况我们称之为 L1 萃取象限；如果这些解决方案已经显性化，而且被验证是有效的，但是在组织的扩张过程中，组织没有扎实地将这些知识复制到新员工或新团队中，那组织的关键任务就是复制，这种状况我们称之为 L2 复制象限。

如果对于内部的员工来说，这是个新问题，或者说内部没有优秀的解决方案，其难度就增加了，我们需要向外寻找解决方案，这是向新领域的探索。如果经过向外寻找，比如培训师、咨询公司或标杆企业有相应的解决方案，那我们的任务就是将这些知识进行内化，在解决问题中发展出自己的方法论，这种状况我们称之为 L3 内化象限；如果经过大量寻找我们并未发现外部有好的解决方案（经验），这就需要我们自己进行探索，这种状况我们称之为 L4 探索象限。

判断组织学习方法的三步法如图 P3-4 所示。

组织学习四象限如图 P3-5 所示。

接下来的四章我们将详细阐述四个象限的应用方法。并将第三章提出的组织学习五原则体现在每个象限中。

第三篇　组织学习方法：将能力构建在组织之上　　115

图 P3-4　判断组织学习方法的三步法

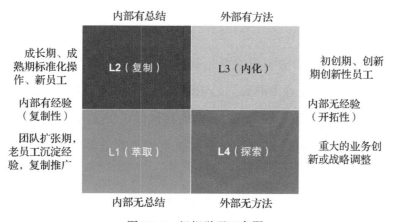

图 P3-5　组织学习四象限

第七章 ◀ CHAPTER 7

萃取象限
创造组织知识财富

30年来,被誉为知识管理拓荒者的日本教授野中郁次郎持续跟踪观察日本制造企业由弱到强的变化规律。他发现这些企业有一个重要的共同特征,即一个组织之所以比其他组织更优秀或更具竞争力,是因为它能够"有组织地"充分调动蕴藏在其成员内心深处的个人知识。

其实,在组织内部最好的老师往往就在我们的身边,对于难以解决的问题,尤其是个人技能问题,我们首先应该在组织内部寻找解决方法,将那些优秀成员积累的宝贵经验提炼成为可以复制推广的方法、技巧、工具,这就是知识萃取。

一、知识萃取，让经验不再浪费

李希贵老师曾任北京十一学校校长，并以其独特的教育理念闻名。由他担任校长的北京十一学校，是全国无数学生向往的校园。他在任时将特级教师所掌握的默会（隐性）知识一项一项地挖掘出来，并整理成清单和标准，让其他教师合理参考并结合实际来推进自己的工作。

比如关于"如何利用黑板"，其萃取出的内容为：

- 检查板书字号大小。确定坐在最后一排的学生能看清楚。
- 利用黑板上半部分，只有确定坐在后排的学生不会被前排的学生挡住时，才使用黑板的下半部分。
- 列出上课计划。将要讨论的问题写在黑板上，这样，教师对这些问题作出回答时，学生仍然能够看到问题。
- 在黑板上写字，背对着学生时，不要再讲课，学生在乎是否被尊重。
- 尽量在课前在黑板上写好板书的内容，以使学生对将要上课的内容纲要有大致的了解。
- 将学生的话写在黑板上。
- 让学生有机会在黑板上写字。
- 慎用黑板擦，在擦去学生所说或所写的观点之前，应进一步强调这些观点的价值。㊀

李校长亲自挂帅带领教师萃取这些经验的举措令人佩服。其实每

㊀ 来自《学校如何运转》。

一条萃取内容背后都蕴含着李校长对于教育的热爱和尊重，比如最后一条"慎用黑板擦"，这里面蕴含了李校长对学生价值的肯定以及尊重，多么细致的一个动作，带来的影响却是深远的。

像这样的成果在李希贵任职的十一学校里每年能产出1000多个，并且很快地在十一学校以及十一学校的盟校里扩散。正是因为这些优秀的经验被解码出来，复制出去，才得以快速地提升了教师的教学水平。

不仅在学校，知识萃取在一个国家也有重要的意义和价值。在《瞬变》这本书中有一个特别精彩的例子。

有一个名为杰里·斯特宁的国际慈善组织的专家被派到越南解决战后儿童的营养问题。战后的越南，社会基础设施、经济发展遭到重大破坏。人民生活十分艰辛，众多儿童处于营养不良的状况中。起初，越南政府并不认为斯特宁能解决这一难题。

斯特宁查阅了很多资料，他发现查阅的大多资料都是TBU（true but useless），也就是很多资料说的都是正确的废话。比如，资料显示，越南儿童营养不良的原因在于经济发展水平落后，饮用水质量不好，医疗条件落后，所以为了解决儿童的营养问题，应该发展经济。这些观点都很有道理，然而作为营养学方面的专家，斯特宁不可能在短期内改善当地经济。

斯特宁带了尺和秤去做深入调研，他发现在越南并不是所有的儿童都是面黄肌瘦的，在这样贫苦的情景下也有一些孩子是体格强健的。这并不是因为他们的家庭条件富裕，而是由于下面这些原因促使这些孩子体格比其他孩子好：

- 他们的父母会去捉一些小虾小蟹，煮熟了剁碎了，掺在孩子的米饭里。还有一些父母采来甘薯叶掺进孩子的米饭中，这种食材通常被视为下等食材，但据斯特宁研究，正是这些下等食材帮了大忙，因为它们补充了孩子在饮食中严重缺乏的蛋白质和维生素。
- 这些孩子的妈妈每天给孩子喂4次饭，而一般家庭都是给孩子喂2次饭。喂4次饭的总量实际上与喂2次饭的总量是一致的。但是，将这些饭分4次喂比分2次喂，更有利于孩子消化和吸收。
- 这些孩子的妈妈经常亲自喂孩子吃饭，而其他家庭是任由孩子自己吃饭。

斯特宁意识到，只需要推广这些"亮点"，就可以有效地解决越南儿童的营养问题。半年以后，当地65%的儿童营养不良的状况得到改善，并且改善情况持续了下去。

以上介绍的是学校和国家的案例，在企业运营中有更多的经验值得被萃取出来。在一个处于成长期或成熟期的企业里，原有业务领域中大量的问题都可以在内部找到解决方案。但正如华为轮值董事长徐直军所言：华为最大的浪费是经验的浪费。学习能力强如华为者，都会存在经验的浪费，何况其他公司？

这种浪费体现在两个维度，在空间上，某团队的优秀经验如果没有被及时挖掘出来向整个企业传播，那其价值就仅作用于这一个团队；在时间上，老员工的经验如果没有被挖掘出来，那就没办法向新员工传承。所以，组织内部一旦涌现出优秀经验，就需要及时将其撰写成案例，并将其中的方法论萃取出来，快速在组织内部传播开来。否则，就存在经验的浪费。谈到学习，我们想到的往往是向外学，容易忽视向内学的力量。从这个意义上讲，企业不仅生产产品和服务，还生产知识和人才。

任正非曾在华为大学教育学院工作汇报会上强调："人要善于总结，人的思想就是一根根的丝，总结一次打个结就是结晶，四个结就是一个网口，多打了结，纲举就目张了。总结得越多就越能网大鱼。"他在重装旅集训营座谈会上也强调过："现在是信息社会，知识很重要，更主要还是视野……所以要把经验写出来，年轻人看了案例，上战场再对比一次，就升华了……现在你们要善于把经验写成案例，否则做完了（项目）沾沾自喜，经验还只留在你一个脑子里，没有传承。"任正非这些发言非常精妙地呈现了案例开发和经验萃取的意义和价值。

几年前我到腾讯交流学习，腾讯大学（腾讯内部企业大学，现已更名为"腾讯学堂＋"）的工作人员非常自豪地说："我们培训课程的讲师有九成以上是内训师。内部兼职讲师将自己或团队的优秀经验萃取出来，开发成具有腾讯特点且更落地的课程，不仅节约了培训费用，更关键的是这样的培训更有效。"

很多企业注重挖掘优秀经验，写成案例，但是案例本身好比浮出水面表层部分的冰山，更大的价值则深藏水下。在案例开发过程中，除了还原案例情节，还需要将案例背后的价值点进行提炼与萃取，也就是我们常说的经验萃取。

因此，知识萃取的意义在于实现"隐性经验显性化，个体知识组织化，零散知识体系化"。这是沉淀组织智慧的过程，也是放大组织优秀经验价值的过程。

二、从挖宝到成册的三字诀

知识萃取的方法并无定式，本书定位于从组织角度介绍一般的萃取流程，希望引起领导者的重视并在组织内推行。我们总结为五个步骤，分别是定主题、找金矿、深挖矿、建结构、做细化。

（一）定主题

要从组织发展角度确定要解决的问题，才能基于主题去精准寻找内部拥有优秀经验的团队或个人。

1. 战略发展视角

企业战略或指标层层分解后，发现团队或员工在某些技能上存在短板，那就要在组织内部寻找优秀实践者，正如前面提到的斯特宁的案例。改善孩子营养不良的问题，要在越南当地寻找解决方案，而不是去美国找。很多企业战略无法落地，主要原因在于没有进行解码，且未配备相应的绩效措施。另外就是是否在战略分解后对于具体的策略寻找适合的落地方法。而最好的落地方法可能就在组织内部，只是未被挖掘出来。因为是战略所需，所以萃取出的方法更容易被接受和推广落地。

我在国药集团工作时，团队投入了大量的时间和精力萃取优秀财务人员的经验，因为当时集团收购了众多子公司，而当务之急就是对财务工作进行规范和整合。所以领导者在集团子公司优秀财务同事处萃取出的经验,很受其他公司同事的欢迎。

2. 人才培养视角

人才培养视角是指对某个重点岗位的工作任务进行拆解,然后分析在每个工作任务下员工面临的难点、关键点和痛点。而这些"难关痛"的点,就可以作为萃取的主题。比如表 7-1 中最后一列就是某公司客户经理通过工作任务分析后确定的可以萃取的主题。

表 7-1 某公司客户经理工作任务分析表

工作任务	痛点分析(问题、挑战或不到位)	学习内容
挖掘目标客户	找不到潜在客户源,不会使用数据分析等方法	寻找客户源方法、数据挖掘方法
约访客户	约访不到客户,客户拒绝后不能再次约访	约访技巧、二次约访技巧
准备拜访策略	没有拜访前准备的意识,不知道要做什么样的拜访前准备	访前准备的重要性、准备流程和方法
挖掘客户需求	挖掘方式单一,不会提问	挖掘需求方法(提问技巧)
匹配服务方案	方案设计缺乏针对性,不能凸显我方优势	设计好方案的方法
搞定客户关键人	不会识别关键人,缺乏相应的策略	识别关键人的方法、搞定关键人的策略
推动后期成交	不能识别成交机会,缺乏"临门一脚"技术	识别机会方法、"临门一脚"技术

再比如北京十一学校每年会组织来校报到的新教师开会,一起共商工作中遇到的突出的痛点问题,最开始这些问题有 60 多个,后来进行归类合并和优选排序,最终确定了 20 个代表性的痛点问题,本书摘抄了一些问题,我们看一下都是些什么样的问题。㊀

- 第一节课必须上好,怎么办?

㊀ 来自《初职教师20个怎么办》。

- 不知如何备好一节课，怎么办？
- 设计不出能激发学生深度思考的好问题，怎么办？
- 很难进行个别化教学，怎么办？
- 不会引导学生自主学习，怎么办？
- 课堂效率不高，怎么办？

（二）找金矿

"找金矿"就是基于确定的主题寻找内部有经验的员工，他们一定是业绩优秀并在相应主题上积累了优秀经验，有方法和技巧解决这些挑战和问题，当然最好是有分享经验的意愿。正如前文提到我在国药集团工作时找到很多优秀的财务总监（经理）来共同萃取他们构建财务体系的经验，在国药集团很多的合作银行中我们也找到了优秀的客户经理去萃取他们的营销经验。

在很多成熟企业里往往是企业大学或人力资源部的培训经理负责此项工作。但我认为该任务的第一责任人应该是各层级领导者，因为他们每天都在接触日常运营工作，随时都可以发现身边的优秀案例。但关键是领导者要有这个意识，抓住一些关键的时机，比如有的员工绩效指标持续优秀，有的员工拿下一个大项目，个别员工在某项技能上表现优秀等。这些都是知识的金矿，他们身上有可以被挖掘的经验。

从提升团队绩效的视角来看，领导者可以将知识萃取（管理）作为团队的常规性日常工作。在得到公司有一个要求：要树立"给继任者看"的意识，即不管任何人负责任何工作，结束后都要复盘，都要写"锦囊",对这个"锦囊"的要求就是继任者能够照此操作。所以得到公司跨年演讲有"锦囊"、回复版权纠纷有"锦囊"、帮讲师打磨课程有"锦囊"。

有人认为此项工作只适合大型企业,但不管多大规模的企业,都会有优秀的员工,他们身上都有待挖掘的"金矿"。未来企业里大部分员工都是知识型员工,他们的知识不只是从学校和书本上学习到的已知知识,还包括从工作中学到的大量的隐性知识,如果不萃取出来,好的知识就流动不起来,更无法保证传播和复制。如果他跳槽或者调岗了,那么继任者可能很难保证工作质量。所以员工离职的损失不仅是当下工作的空缺,更关键的是带走了宝贵的"知识资产"。

(三)深挖矿

我们发现如果让员工分享,多数时候他们分享的仅仅是案例或者报告本身,而没有把其中蕴含的规律及操作方法萃取出来。正如康德所说:经验只提供现象信息,并不提供现象信息背后的联系。

比如,某个子公司的总经理分享如何制定区域营销策略,他分享的可能就是这个营销策略的结果,而不会分享从一开始调研市场到制定出这个策略整个过程中的关键环节和细节。

基于邓宁-克鲁格曲线,这些优秀人才已经处于"不知道自己知道"的阶段,像庖丁解牛,驾轻就熟,但很难站在初学者或者新员工的角度来萃取和分享。

进一步看,如果将这个工作交给业务专家来完成,相当于给他们繁忙的工作增加了额外任务,从而很可能削弱了他们的积极性。所以，为了更高效地深入挖掘优秀经验，我们建议用以下两种方法：一种是访谈法（+观察法），另一种是焦点小组法。

方法1：访谈法（+观察法）

在团队中很容易操作，由领导者或者是某位逻辑性很强的员工担任访谈者的角色（也可以由培训部门专门为每个部门培养1名引导师），采用刨根问底的方式对表现优秀的员工进行访谈。在访谈中最关键的是要深入挖掘其工作细节，而不是浅尝辄止。

比如一位非常优秀的高管说：管理员工一定要形成目标共识。

那访谈者就要问：你平常是如何引导团队达成目标共识的？

如果被访谈者还是无法清晰描述出具体的工作方法，就可以换一种问法，让被访谈者回忆最近一次帮助团队达成目标共识的案例（场景）。如果访谈者觉得太过简单，那么可以让被访谈者回忆某一次有挑战性的场景，让他详细讲述是怎么做的。

具体来看，访谈可以分为问场景、问细节和问挑战三个步骤。

步骤1：问场景。具体问题具体分析，在职场中我们要根据不同的场景采取相应的应对举措，因此在进行知识萃取时要挖掘出差异化的应对方法。

比如，现在一个很热的话题是如何管理Z世代（指1995—2009年出生的一代）员工，其实用管理这个词本身就有问题，现在提得更多的是赋能，即如何激发员工的潜能，与新时代员工共舞。但领导者会发现在不同的工作场景下，或者针对不同类型的员工，需要采取不同的领导风格（沟通方式）。所以我们要找到那些在这方面表现优秀的领导者，问出不同场景下他们的经验。

步骤2：问细节。挖掘被访谈者当时到底是怎么想的，怎么做的，怎么说的。

比如我曾经访谈一个财务人员到客户处催款成功的案例，她轻描淡写地说就是要和客户陈述我们公司的困难，但也要基于互利共赢的原则。这个原则确实非常关键，但是她到底是怎么与客户沟通的，既不破坏合作关系，又让对方体谅我方难处，予以付款，这是我们需要去深入挖掘的，所以在挖掘时，我们要像过电影一样进行回忆，让被访谈者将细节还原出来。

步骤3：问挑战。这是一种深入挖掘的方式，问被访谈者当时面临的挑战，再进一步站到"初学者"的角度询问如果第一次开展此项工作时可能遇到的挑战。

首先，在被访谈者还原了整个案例的细节后，要进一步询问："你当时遇到了哪些挑战？""在这个案例中，你认为需要克服的困难有哪些？"这样也有利于我们萃取该项工作的关键点。

其次，在被访谈者回答了这些问题后，再次询问："你认为从事该项工作的新手同事，可能会遇到哪些挑战？"用这种方式引导被访谈者站到"初学者"角度思考问题。

最后，如有必要，还可以辅助观察法，比如可以参加被访谈者的例会，可以与销售人员一起拜访客户，可以到一线去观察工作方法等。在团队内部，也可以团队共同访谈或观察，这本身就是一次共同学习的机会。

北京十一学校的做法也值得借鉴，学校管理者将新教师两两结对成立微型研究小组，去找学校里面在相关主题上比较有经验和口碑的教师请教交流。这样做的好处是，新教师站在一个初学者的角度可以问出更多的细节，另外有经验和口碑的教师也没有压力，反而因为帮助了新教师而有成就感。

方法2：焦点小组法

焦点小组法（Focus Group）是由一个经过训练的主持人以一种结构化或半结构化的形式引导大家深入研讨，逐步达成共识的过程。

使用该方法可以在主持人带领下，几位（一般为4～8位）在某个领域表现优秀的员工一起挖宝。基于教会初学者的目标，优秀员工将所研究课题进行拆分，然后针对每一个模块挖掘具体的操作方法。

比如，拜访客户可以拆分成访前准备、挖掘需求、设计方案、推动成交等话题，然后再不断挖掘每一模块的操作方法。

具体拆分模块的方法有很多，主要是围绕着该课题如何拆分有效。具体有流程法、分类法、要素法等。前文对于拜访客户的拆分就是按照流程拆分，但是在挖掘需求方面也可以根据不同类别的客户进行拆分，比如提升客户满意度的课题可以根据影响客户满意度的要素进行拆分。

在运用焦点小组法的过程中，要适时引导参与者分享具体的案例，挖掘其在整个过程中是如何开展工作的，最忌讳的是参与者只是在浅层次分享自己曾经的经验，将原来经验做一些常识性的提炼总结，这对其他参与者没有太大的帮助，我们还可以将这种形式称为"刨根问底"法。因此，焦点小组本身也是一种互相学习的形式。

（四）建结构

1. 将知识结构化

具体构建知识结构的方法在第四章分享过，这里只是简单阐述。基于挖掘出的素材，要将这些关键内容运用串联和并联两种逻辑进行结构构建。

对于串联逻辑，我们在总结这些知识点时，常用的表达方式是：××的几个步骤、××的几个环节等，比如拜访准备的三个步骤、绩效管理的四个环节。

对于并联逻辑，常用的语言是：××的几个维度、要素、方式、渠道、特点等。也就是将复杂的内容提炼出几个关键要点来，比如调研客户的三个维度、有效沟通的五个原则、调研客户需求的四种渠道等。

由经验中萃取出的知识点可能同时具备这两种逻辑，比如华为战略规划中的"五看三定"，五看分别为看行业、看市场、看竞争、看自己、看机会，它们之间是一种并联关系；而三定分别为定控制点、定目标、定策略则是串联关系。

为什么我们要如此重视知识点之间的逻辑？因为这是在工作中各操作动作之间的先后顺序，不同的操作顺序带来的绩效结果会大相径庭，清晰的知识点逻辑也有利于初学者理解和复制。

2. 构建思维模型

思维模型是人凭借外部活动逐步建立起来并不断完善着的基本的概念框架、概念网络。思维模型是思维活动特征的总和或整体，它体现了主体能动地反映客体的一种符号性能力，是主体改造客体的某种规则。

想想看，你在工作中有没有使用过一些思维模型，比如战略规划的五看三定、营销学中的4P（Product、Price、Place、Promotion）/STP（Market Segmenting、Market Targeting、Market Positioning）、绩效管理中的SMART（Specific、Measurable、Attainable、Relevant、Time-bound）、目标管理中的PDCA（Plan、Do、Check、Action）……，这些模型都在影响着你的思维模式和行为习惯，大大提升了我们决策和工作的效率。

任正非曾说，要"不断复盘，不断建模；建了新模再去应用，如果能提高1%，那说明你的思维方向是正确的，一点一点就能逐渐逼近真理"。[一]因此建议在组织中要引进思维模型，也可以基于组织经验构建自己的思维模型。常见的构建思维模型的方法有：

（1）二维矩阵法：这是一种在商学院教学和培训课程中常见的思维模型，如SWOT分析、时间管理象限、波士顿矩阵等。其应用场景面临的问题复杂多变，差异很大，在众多的研究对象中找到其中的共性，可以便于选择和决策，分类解决。通常情况下我们要找到两个关键维度，构建成2×2的矩阵，形成4个象限，以采取针对性解决方案。

（2）简写词集法：比如中医诊断中的"望闻问切"，比如翻译工作追求的"信达雅"。简写词集的好处是将众多内容中的每句话提炼出一个字，将这些字组成一个新的词集，读起来朗朗上口，容易记忆

[一] 来自《华为提升组织能力的两大法宝》。

和传播。

（3）英文缩写法：这也是管理学中常用的构建思维模型的方法，比如 PDCA、SMART、STAR（Situation、Task、Action、Result）等。类似于中文中的简写词集法，将每个英文单词的首字母重新组合成一个字母组，便于记忆。

（4）排比法：每个知识点都有一个共同的字或词，构建成"几个××"，比如五看三定、3C、4P、五力模型等。

（5）结构层次法：结构层次法是这 6 种方法里构建难度较大但是又非常具有逻辑性的一种方法，该方法将知识内容根据一定的逻辑进行分层，分层后有利于指导我们的工作实践，如著名的 NLP 思维逻辑层次、马斯洛需求层次理论。

（6）公式法：公式法构建思维模型要求也极高，需要我们厘清各要素之间的关系，构建成类数学公式的表达方式。比如杨三角的公式是：企业成功 = 战略 × 组织能力，一个简单的公式就表达了企业成功的底层逻辑；理查德·贝克哈德与戴维·格雷彻一起提出的描述组织变革条件的变革公式为：$D × V × FS > R$，具体英文单词为 $Dissatisfaction × Vision × First Steps > Resistance to Change$，即对现状的不满 × 对未来的愿景 × 第一步实践 > 变革阻力。一个简单的公式就将变革成功的要素和逻辑关系展现得清晰透彻。

（五）做细化

仅有高屋建瓴的思维模型是不足以使萃取的知识落地执行的，真正有效的是要将萃取的知识细化为操作行为，形成操作手册。《华为销售法》中提到了华为的 2B 销售法，具体如下。

一次成功的拜访可以给客户留下深刻的印象，初步获取信任。拜访之前要做好准备工作，如收集客户的信息，带上相关资料，整理着装，注意仪表，注重商务礼仪。

美好的印象是在会面开始后的 3 分钟形成的，第一印象很难改变，因此，我们见每一个客户都要做好准备。

拜访从和客户握手开始，握手要有力，3 秒左右，交换名片，落座，进入开场白环节。要给自己设计一个漂亮的开场白，要简洁、大方、有趣，控制在 1 分钟以内。开场白以后，不要急于切入正题，这是很多销售人员应该注意的细节，应适宜地进行寒暄，拉近和客户的心理距离，让客户放松下来，才让会谈气氛轻松起来，拜访的效果会好得多。

寒暄的原则是"赞美"，真诚地赞美对方的优点或者成绩，客户会开心。具体赞美客户的哪些优点？这就需要在拜访前做功课，了解客户的情况。例如，客户年轻有为，进入其所在部门以后，业绩突出；管理公司多年，公司发展得越来越好。

寒暄一般持续 5 分钟左右，之后慢慢切入正题。开始交流时要多听少说，为了多听，就要会问，根据问题的性质使用开放式提问和封闭式提问，以便了解客户的想法和需求。抓住时机提出方案建议，消除分歧。第一次陌生拜访要控制在 20 分钟以内，结束时可以有礼貌地预约下一次见面等。

经常有人问做知识萃取要萃取到什么程度，以上内容给了我们一个很好的示范。除了将萃取的知识细化成操作手册，还可以制作成表单、话术、点检表等。新员工照此刻意练习3个月就能胜任工作。

基于这个标准，我们会发现让优秀员工分享是很难细化到这种程度的，因为对于他们来说，知识和经验已经内化于心，他们可能并不认为这是什么诀窍，即使分享也很容易忽略细节，而好的方法往往就在细节里。

所以，知识萃取要用专业的方法论，要有人承担萃取师的角色，可以是领导者，可以是培训部门的专业人员，也可以是外部专家，萃取输出的知识是可以复制和推广的。

最后，为了更好地帮助你学会知识萃取的方法，有一个非常好的框架结构可供参考，我们的知识层次可以分为认知、思维和行为三个层次，如图7-1所示。

图7-1　知识层次

前文讲到的思维模型是指思维层面，也就是我们要萃取出优秀员工思考问题的方式，是分析和解决问题的框架；而将萃取的知识细化成册则是解决行为层面的方法和窍门。在实际萃取时我们还可以进一步去问优秀的员工其底层认知与其他员工有什么不同，他对这件事情本质的认知是什么。比如，销售人员对于销售工作的底层认知是什么？优秀的销售人员可能认为是"为客户解决问题""为客户创造价值"，也可能认为是"创造一种互利共赢关系"；而一般的销售人员认为"销售就是完成销售指标""销售就是把产品卖出去"。这两者的差异一目了然。

在简单萃取中，我们可以用表 7-2 基于知识三层次的提问清单进行挖掘。

表 7-2 基于知识三层次的提问清单

层次	问题
认知	你认为造成这个问题的根本原因是什么？ 你认为这个问题的本质是什么？ 在这项工作中，你是个什么样的角色？创造了什么样的价值
思维	遇到这样的问题时，你是怎么思考的？ 你分析和解决这个问题的路径能否描述一下？ 解决这个问题，优秀员工和普通员工的思维模式有什么差异
行为	具体你是怎么说的，怎么做的？ 还可能会有什么挑战？你是如何解决的？ 如果给一个新员工讲的话，适合新员工的具体操作方法应是什么样的

三、知识萃取后的落地和迭代

近几年知识萃取越发受到企业重视，但我们也看到很多企业的知识萃取工作止于做出一份精美的 PPT，而没有意识到不流动的知识是没有价值的。而流动起来的知识还需要落地，按照第五章中刻意练习的方式促进知识转化。我们通过 2 个案例学习在知识萃取后推进刻意练习的重要性。

第一个案例来自美团：

2011 年王兴 6 次到杭州拜访阿里巴巴"中供铁军"干嘉伟，终得所愿，将其招至自己麾下。入职美团后，干嘉伟面临的挑战就是如何带好美团1000多个销售人员，实现业务快速增长，扩大市场份额。他将这些销售人员中销售业绩最好的挑选出来，萃取出"狂拜访，狂上单"这一俗称"双狂"的销售策略。

他发现仅要求员工做"狂拜访、狂上单"起不了多大的作用，绝大多数销售人员并没有发生改变，这个时候可能很多人会放弃推行这一销售策略，甚至怀疑这一销售策略本身就有问题，而启用其他策略。这是我们组织中常见的问题，不是方法、策略有问题，其实是缺乏刻意练习、推动落地。

后来干嘉伟又提出了"早启动、晚分享"的制度，规定销售人员早上必须演练，晚上团队分享。2015年他还自己抓这件事的落实，结果是抓一阵好一阵，因为这确实是一件反人性的事。"双狂"也曾引发不同的声音，因此也损失过销售冠军，但干嘉伟认为"双狂"最大的价值是把远低于平均销售水平的人员快速拉升到了85分的销售水平，效果立竿见影，2012年年中，美团的市场份额已稳居第一。

第二个案例来自一家医药公司：

该公司在新的医疗体制改革政策下，面临着客户服务转型的问题，为此公司成立了项目组，重新梳理了医药代表为客户提供服务的方式，萃取优秀员工的话术构建了标准化的客户拜访手册，但仅靠这个手册并不能有效改进员工的行为。领导者自己先学习手册中的内容，然后通过3种方法推进手册内容落地：

（1）查看拜访记录：通过定期查看医药代表的拜访记录，查阅他们与客户沟通的内容，评估他们的拜访行为有没有发生改变，有没有按照上课所学内容落地执行。

（2）在岗实践：定期组织角色扮演演练拜访技巧，以此检验并强化医药代表学以致用的效果。

（3）领导者协访：和医药代表共同去拜访客户，现场观察医药代表行为并及时给予反馈。

基于精益求精的理念，项目组还会持续跟进医药代表的拜访情况，收集优秀案例，以进一步迭代拜访方法论，并找到新的共性问题，寻找新的解决方案。

所谓执行力往往体现在能否把已知的优秀行为执行到位，领导者不能寄希望于给员工讲一遍工作要求就立竿见影，正如当时作为美团副总裁级别的COO干嘉伟自己抓销售人员的刻意练习一样，领导者也要在推动员工能力提升上倾注更多精力。

四、通过机制让知识流动起来

在组织内开展知识萃取工作的关键障碍在于员工忙于日常工作，是否会有意愿拿出时间投入此项工作中，但更根本的原因是领导者和所有员工是否意识到了此项工作带来的价值，因此组织全员要给予重视，同时需要在制度上给予保障，让知识萃取和刻意练习嵌入日常工作。

（一）领导者是否重视此项工作

很多公司的知识萃取工作组织不起来，其实关键问题还在于领导者对此不重视、投入不够。更深层次的原因是领导者没有认识到此项工作对于组织能力建设的重要意义。

在得到公司，每一个一级部门的负责人，都是该部门的知识管理负责人，也就是 Owner（所有者），并由他们指定部门内的知识管家，也就是 KMer（KM 为 Knowledge Management 的缩写）。KMer 承担四个角色：

角色 1："部门的"小喇叭"，不是纯布置任务。

角色 2："探照灯"，发现高手身上的经验。

角色 3："挖掘机"，也就是我们前面提到的去访谈优秀员工经验的角色。

角色 4："整理师"，负责对"锦囊"的检查核验。

得到公司的 CEO 脱不花说："长老会亲自敲锣打鼓，推着小车送锦旗……公司特别嗨，不仅是这样，给 KMer 每个月制定任务，给按时完成任务的 KMer 发现津贴。另外，以半年为单位，奖励这些表现好的、知识萃取成果好的一线的业务部门。"

华为特别重视此项工作，公司有专门的首席知识官这一角色，其第一任首席知识官谭新德是知识收割（萃取）的热情推崇者和身体力行的践行者。华为知识收割一般针对三类对象，分别为首次探索的重点项目、重复出现问题的领域、日常高频操作的领域。

（二）能否及时关注到员工的优秀表现

除了思想上的重视，管理者还要在行动上定期关注员工的工作进度，变结果管理为过程管理。现在很多组织在实施 OKR，但并不成功，其核心原因在于缺乏后期的 CFR（见表 7-3）环节，也就是及时对话、反馈和认可。缺乏跟进的 OKR 就会变成无用的摆设。

表 7-3 日常管理中的 CFR

Conversation（对话）	Feedback（反馈）	Recognition（认可）
• 目标设定和回顾； • 当期目标的跟踪； • 双向辅导； • 职业成长； • 轻量的绩效评估	• 为了你的成功，我可以做些什么？ • 为了我的成功，你可以做些什么	• 制度化对等认可； • 建立清晰的标准； • 让认可公开化； • 使认可频繁化； • 把认可与公司的目标和战略关联起来

在定期跟进员工目标完成进度的过程中，领导者也会及时发现优秀员工的优秀经验，这时候就可以快速将其中的方法窍门萃取出来，让其经验变成整个团队的工作方法。

（三）优秀员工是否有分享经验的意愿？

《哈佛商业评论》的一篇文章对促进员工分享知识的因素进行了分析，将参与者的反应分为"自主性动机"（autonomous motivation）（因为感到有意义或令人愉悦而做某事）和"控制性动机"（controlled motivation）（为了获得奖励或避免惩罚而做某事）。

数据研究结果表明，当员工拥有自主性动机时，知识共享的可能性更大（比如，他们赞同"与同事共享我的知识很重要"或者"谈论我知道的事情很有趣"）。相反，当动机源于外部压力时（"我不想被批评"或者"我可能会失去工作"），人们更可能隐藏知识。

这就意味着，逼迫人们共享而不是让他们了解共享知识的价值的做法并不十分有效。如果员工并不明白共享知识对于实现单位或组织目标的重要性，他们就不太可能共享那些知识。如果员工被迫共享知识，结果可能适得其反。如果他们害怕失去竞争优势，他们甚至更不情愿披露信息。有意思的是，在中国样本中，控制性动机与频繁共享知识有关，但与共享内容的更大用处无关。

所以，如何激发员工投入知识萃取？那就要宣传此项工作的意义和价值，要让员工看到此项工作的效果，要给予正反馈。

在韦尔奇时代，通用电气鼓励员工和主管们从内部挖掘新意，寻找可以师从的最佳典范。1994年，韦尔奇推动了一个他早就希望推动的计划，就是降低通用电气对传统产业产品的依赖，推动产品服务。在这一方针的指导下，很快，所有通用电气的事业部门都开始挖掘以服务为主的成长机会。医疗事业部开发了一个叫作实地维修的服务理念，赢得了客户认可。这个好方法马上就被其他事业部效仿。㊀

很多人好奇如果员工不愿意分享怎么办？员工怕"教会徒弟饿死师傅"怎么办？

韦尔奇说："我们要让那些反对无边界的人走开……如果你是本位主义、自我中心、不接受不分享的人，不绞尽脑汁想点子，你就不属于这里。"

飞书CEO谢欣在一次分享中提到，知识的涌现并不是被设计出来的，而是自发、自觉产生的。不仅创意型企业，即使是偏流程型的企业管理，也需要调动每一个岗位员工的智慧。比如丰田的一个经典规定是，如果发现问题，流水线上的任何一个人都可以停止整条生产线的运行。

谢欣表示，好的工作方法往往是由优秀个体创建的，也可能会随

㊀ 来自《杰克·韦尔奇自传》。

着他们工作的变动而流失。但是，这一套工作方法沉淀下来，就会一直留在组织里，而不会随着组织的扩张被稀释掉。

（四）是否有系统（工具）以便于流动？

从我近年来为客户开展知识萃取工作的经验来看，一个好的知识管理系统对于组织的发展十分重要。

如果知识仅沉淀在员工自己的电脑上，这就于无形中让知识成或孤岛，无法让知识流动起来，员工相互间不能适时共享和打通。因此，组织有必要基于自己的实际情况引进和自建一套知识管理系统，或者在办公系统里嵌入知识管理模块，让员工养成沉淀知识、共享文档、互相赋能的习惯，就像共建一个知识的海洋，让组织发展享受源源不断的滋养。

得到公司从 2021 年开始把飞书作为学习工具，要求上级向下一级写周报，管理层率先垂范沉淀隐性知识，用工具方便地呈现给所有的员工。他们还鼓励员工提问，在平台上创建了一个在线文档《我就随便问问》，以此打破组织的层级体系，建立一种平等互动的组织关系，员工随时可以问，问什么都行，想问谁都可以。

在自由问答中，组织的知识被沉淀了下来，来了一名新员工，就有了学习的基础，有员工离职或跳槽时，其"继任者"也能够快速上手。很有意思的是，这个文档的第一个问题是："在公司见到罗胖，要打招呼吗？"

理想汽车也有自己的平台工具，优秀的销售人员经常在上面分享成功经验，CEO 李想会对案例撰写生动的评价，不但员工的成就感满满，门店的管理水平也在共同提升。由此可见，有这样一个平台多么重要。

最后，总结本章内容，领导者必须清晰认识到知识萃取的重要意义，也要看到知识萃取远远不是一次活动或事件，而应该让其成为组织的常规性工作。在组织内塑造乐于知识萃取和分享的氛围，不要让"老师"吃亏，将工作方法用工具沉淀下来、传播出去、传承下去。

练习工具

1. 贵公司在知识萃取方面采取过哪些举措？萃取出的知识能否实现充分流动和有效落地？
2. 贵公司是否有首席知识官这一角色？团队内是否有知识管理官和KMer的角色？你认为如何构建起公司的知识分享和萃取机制？
3. 请参照此表单试着推动组织的知识萃取工作。

步骤	内容
定主题	组织中哪些领域存在被浪费的但可以被挖掘出来复制出去的经验？
找金矿	谁来负责知识萃取（管理）的工作？如何激励其担负起该工作的职责？哪些员工积累了知识萃取的优秀经验？
深挖矿	用什么方法进行知识挖掘？用访谈法还是焦点小组法？
建结构	用什么样的逻辑结构来承载萃取出的内容？是否可以构建思维模型？
做细化	知识萃取工作要细化到什么程度才有利于其他同事学习和应用？
落地和迭代	如何推进其他同事学习和应用？如何不断迭代萃取出的知识？

CHAPTER 8 ◀ 第八章

复制象限
加速知识的传播和落地

该象限要解决的问题是加速组织内部已经被验证有效的知识的传播和复制，提升员工的认知和能力水平。这包括把我们萃取出的方法论复制给其他同事或团队复制，**也复制给新员工或新团队复制；另外，新管理思想也要实现自上而下地复制**，这往往表现为企业的新战略、策略、制度、文化、业务等。

如何复制组织中的有效知识？复制方法有 5 种，分别是在岗训练（刻意练习）、以考代学、以赛促训、训战结合和导师传承。其中在岗训练在第五章已经详细介绍过，本章仅介绍其他四种方法。

一、以考代学：考试是一种有效的学习方法

尽管在我们学校教育中将考试成绩作为升学或毕业的必要依据，是一种评价方法，但其实考试也是一种非常有效的学习方法。就像是你考驾照时，基础知识不会有人教你，掌握这些知识最有效的方法就是做模拟题，因此自我模拟考试就成为一种有效的学习方法。在企业中以考代学的典型场景有两个：

1. 应知应会知识的掌握

很多企业会设计各岗位的学习地图，其中包括各岗位在每个阶段需要掌握的应知应会的内容和相关技能。应知应会知识不需要过多的讲解，完全可以用考试促进员工更扎实地掌握。

比如泛微是一家软件公司，针对各岗位开发了完整的学习地图，在新员工入职后设计了系统化的学习、训练和考核流程。

2. 新管理思想的贯彻执行

对于新战略常以发通知或者开会的方式来发布这些内容，但发布后就默认员工掌握了这些内容，但可能事与愿违，这并不能保证新管理思想的贯彻落地，《哈佛商业评论》在描述百度第二曲线的一篇文章中指出，往往关于一家公司整体战略和组织文化的相关材料或者宣传内容，员工看或者不看，接受或者不接受，都存在不确定性。

我有一年为一家公司实施战略解码工作，就遇到了 CEO 和其他高管对于当年战略重点说法不一的尴尬场面。有兴趣的读者也可以回想贵公司今年的战略重点是什么，也可以测试一下周围的同事对于战

略重点的理解是否一致。

《哈佛商业评论》于 2016 年 12 月发表的《与其在员工培训上一掷千金，不如自上而下进行组织变革》中指出，影响组织效率的六大障碍分别是：①战略和价值观阐释不清楚，往往导致工作主次难分；②领导者脱离团队，对拓展新方向积极性不高，或认识不到自身行为需要改进的地方；③自上而下或自由放任式领导风格，阻碍员工坦诚讨论问题；④组织设计较差，造成不同业务、职能或地区间缺乏协作；⑤领导者在人才问题上花费的时间过少，关注也不够；⑥员工不敢告诉领导者团队提升效率的障碍。

在这六大障碍中最严重的是战略和价值观阐释不清楚。所以若干组织的战略无法落地，根本原因可能并不在于团队执行力差，而是因为团队缺乏清晰的价值观阐释和有效传播。

百度为了解决这个问题，启动了一项名为"简单之约"的活动，实际上这是百度的一种全员沟通对齐会，员工可以去会议现场听，也可以在线上看直播，还可以发弹幕。

为了达成战略的穿透对齐，百度以更为"硬核"的小考和调研等形式做管理闭环。在进行"简单之约"的沟通后，百度在每个季度设计相关课件，分发到基层给员工学习，员工学完了还要考试。80%以上的员工都要参加一种叫作"简单小考"的内网答题，内容回答战略观点的相关考题，包括"怎么看创新、怎么讲 AI（人工智能）、公司怎么看某一块业务"等。

有一位在百度工作近 8 年的老员工表示："早期员工对于公司的一些战略方向是不够了解的，比如 O2O 战略，为什么一定要做外卖？一个好的战略方向，为什么没有落地成？后期的简单之约，让员工更加明确了公司的发展方向，在智能云、智能驾驶领域我们处于什么位置，差异化在哪儿，竞争之仗怎么打，这些问题都会跟全员沟通对齐，了解了方向，心自然容易往一个地方使劲，战略落地与执行就会更加顺畅。"

因此，企业要有各种题库，如果有条件可将员工掌握的知识或信息做成题库，为了减轻员工压力，也可以采取趣味测试的方式，比如采用"一站到底"（江苏卫视节目，选手比赛答题）的方式组织各部门或各分公司定期挑战答题。现在有一些在线工具也支持在线考试或比赛。

二、以赛促训：短时间内提升训练强度

针对基层某些岗位中标准化程度较强的技能，比如客户服务、维修技能、销售技能、产品设计、授课技巧等，可以通过比赛的方式激发员工的斗志，提升训练效果。以赛促训项目实施过程中也可以打造标杆，塑造争学赶超的组织氛围。

某通信运营商连续几年都会针对大客户销售人员开展"训战赛"项目，会从地市级公司到集团公司层层选拔，最后几十支队伍参加最后的决赛，决赛不仅考评现场技能表现分，还会考评经验分享分以及工作实际表现分。具体操作方式是先学习标准的销售流程，然后分小组制订在工作中的实战计划，定期分享经验，并根据几个维度的表现及时评分和排名。通信运营商的管理层认为这种模式的最大好处是通过排名比赛的方式激发团队斗志，将优秀的销售方法快速落地。

2019年我曾经为一家企业新入职的工程师们设计了一个训练项目，当时该企业分管研发的领导对于新工程师的培养并不满意，因为每年都有固定的培养项目，但是效果并不理想。经过调研发现领导对新工程师不满意的方面主要是他们的画图技能，认为他们的图纸质量差而且速度慢。显然画图是一个标准化很强的技能，也就是方法是标准化的，但是需要的是大量的刻意练习。

于是我建议通过以赛促训的模式来提升工程师的画图技能，他们首先学习画图的基本技能，然后在导师的指导下在岗训练。在训练周期内每周定期开展画图技能比赛，根据相关维度对画图的速度和质量进行打分排名，每周积分累加，"打怪升级"。这种形式加快了新工程师画图技能的提升，并遴选出优秀的工程师，分享经验技巧，实现所有工程师技能的共同提升。

具体来看，以赛促训有以下三个特点：

（1）**多**：需要掌握某项技能的员工数量相对较多，并且一般是基层员工。比如上面两个案例中，第一个案例中通信运营商的大客户销售人员有一万人以上，第二个案例中企业每年的新进工程师有一百人以上。如果人数较少，则没有必要兴师动众投入资源开展比赛活动。

（2）**高**：比赛的技能标准化程度较高，或者组织者希望能够通过以赛促训的方式实现动作标准的统一。因为要比赛就要有相对严格的可评估标准，比如第二个案例中提到的画图技能。而第一个案例希望通过比赛形式提升员工技能的同时，也向整个公司的销售人员传播优秀的销售经验和标准流程。

（3）**快**：在以赛促训中加速技能和优秀经验的复制传播。比赛形式会吸引员工的注意力，引发领导者和参与者的重视，作为一种企业文化活动也会形成传播效应，让更多人关注员工技能的提升。即使是不参加比赛的员工，也会在这种效应的影响下重视个人技能提升。

三、训战结合：仗怎么打，兵怎么练

任正非说："华为大学（华为内部企业大学）一定要办得不像大学，因为我们的学员都接受过正规教育。你们的特色就是训战结合，赋予学员专业作战能力。整个公司第一要奋斗，第二要学会掌握奋斗的办法，光有干劲没有能力是不行的。""训战一体化"本来是军事理念，后来在华为得到运用并发扬光大，现在的企业培训对"训战一体化"越来越认可。

正所谓"仗怎么打，兵怎么练"。训战，就是一边赋能，一边实战，强调学习的转化。而在训战中最为关键的是模拟真实场景，甚至是在真实场景下训战。因此要找到员工的工作场景，然后进行刻意练习，比如绩效沟通、招投标、拜访客户、投诉处理、谈判等场景。

一是模拟真实的场景，员工轮番演练，导师给予反馈和指导。我们发现很多企业的做法是领导者或者培训师将方法论分享后，学习就结束了，充其量增加一些视频或者简单的模拟演练，但这并没有达到学习的效果。而训战结合的要求是还原真实工作场景，员工进行练习达到标准要求后才能上岗。想想看，如果一个销售员工只是学了一些基本的销售技巧就去拜访大客户，失败的概率将有多高。

IBM有一个全球销售学校，采用案例教学的方式训练销售人员。

这里面会有 IBM 成功拿下大订单的真实经典案例，也有一部分是设计出来的教学案例，以用于训练 IBM 的销售人员跟客户的 CEO（首席执行官）、CIO（首席信息官）这种级别的高管打交道。

IBM 会邀请有丰富高管经验的顾问来扮演客户的 CEO 或者 CIO，相当于是 IBM 销售的陪练，并且须接受认证。演练过程中是有剧本的，顾问按照剧本去演，便于 IBM 的销售拜访的时候有清晰的目标，培养和锻炼销售人员把握客户需求以及现场处理问题的能力。

训练分为若干模块，其中比较典型的模块如上午学习怎么谈判，怎么见客户，下午就开始模拟拜访 CEO。IBM 安排扮演 CEO 的顾问入住行政套房，套房的外面就是办公室。每一次安排 4～5 个销售人员参加，当其中一个销售人员模拟拜访时，另外几个销售人员在一旁观察。一次模拟拜访 40 分钟左右，前面 30 分钟拜访的销售人员与顾问过招，后十分钟进行讲解与点评，导师告诉拜访的销售人员刚才发生了什么，哪些地方是关键，询问他自己看到什么问题，然后请身边的"战友"提出建议。

为什么要进行这样的模拟训练？因为 IBM 公司追求卓越，绝不让一名未经过全面培训的员工到销售一线去。销售人员说些什么、做些什么以及怎样说和怎样做，都对公司的形象和信用影响极大。如果仓促上阵，可能会使一个有潜力的销售项目夭折。因此 IBM 通过这样的训练让员工满怀信心地上阵。

二是直接到真实场景下训战。比如电话销售、门店销售等，在学习了标准操作技巧后，员工上岗实战比拼，导师在旁边指导。

有一家通信服务解决方案供应商，他们是 2B 销售模式，对于新员工的训练方式，就是将所有的销售技能拆成小块，上午学习和模拟练习某一个销售技能，下午实战演练，晚上复盘。比如上午学习如何挖掘客户需求，下午就用电话销售的方式挖掘真实客户的需求，导师在旁边观察记录，每次和客户沟通后，导师给予反馈，然后拨打第二个电话。晚上导师和新员工进行复盘。

思考一下，在什么场景下先用模拟场景训战？而哪些场景可以直接用真实场景训战？其实是技能复杂、试错成本高的场景下我们先用模拟场景训战，而技能相对简单、试错成本低的场景下我们可以直接用真实场景训战。

小结一下，训战结合的要求就是，短时间内进行方法论输入—场景训战—复盘迭代，通过这种方式来跨越从知到行的鸿沟，让员工胸有成竹地应对工作中的挑战。

四、导师传承：让优秀复制优秀

导师制在复制效率上远不如其他方式，但是这种方式对于新员工、新管理人员（刚刚升任）能够起到非常好的"传帮带"作用，导师除了可以手把手地辅导被带教者技能外，还可以适时关注被带教者的动态，及时答疑解惑，帮助被带教者尽快升任新工作。

但导师带教这一方式的最大问题是导师"想起来就带，想不起来就怠"，缺乏相应的保障机制，没有明确规定导师的标准动作，对带教效果缺乏评估和奖惩措施。结果是导师意愿度不高，或者忙于其他工作而忽视此项工作。

高管要重视该工作，并做到身体力行、以身作则，以此带动其他管理人员认识到该工作对于组织和个人的重要性，并有相应的长效机制。《杰克·韦尔奇自传》里提到，当年通用电气的管理人员在吃午餐的时候与各类"高潜力"员工见面。他们每一个人都被指派了一名辅导人，辅导人来自公司现有的管理团队。韦尔奇要让管理人员认识到人事开发的重要性，而且要使用产品开发那样的控制手段。在这里，被辅导人就是"产品"。公司的管理人员即被辅导人的辅导人有义务去开发这些"产品"。也就是说，辅导人要么把被辅导人带入A类的水平，要么找到新人。在吃午饭的过程中，辅导人与被辅导人之间展开坦诚的对话。他们都要遵守严格的规则。在通用电气的绩效文化中，公司中的每一个人都有责任来争取开发出一种优质产品并以此衡量业绩。公司的高层领导亦对此负有责任。

华为实行"全员导师制"。每一位新员工入职分配到具体的部门以后，管理人员会在部门里指派一位老员工充当他的导师。对老员工没有具体工作年限的规定，只要是正式员工并且对部门业务熟悉，就有导师资格。导师在新员工见习的三个月里指导他工作，一直到新员工转正答辩结束，导师的工作才完成。导师在新员工培养中扮演多重角色，既是业务上的教练、榜样，指导新员工在新岗位上工作，要注意哪些环节，遇到困难可以找谁寻求帮助等，只要新员工有疑惑就可以请教他；也是新员工在思想上、生活上的引导者，全方位地辅导新员工成为符合华为要求的人才。

华为对"全员导师制"的重视还体现在对导师及其所带新员工的成绩进行检查上。新员工如果没有通过转正答辩，部门领导要和导师谈话，判断是新员工本身的原因还是导师辅导不到位的原因。如果导师有一定责任，部门领导会提醒导师注意改正。如果新员工转正答辩成绩优异，华为还会给予其导师相应的奖励。

更为重要的是，华为把"全员导师制"上升到培养接班人的高度，并以制度的形式做出严格规定：没有担任过导师的员工，不得被提拔；不能继续担任导师的员工，不能再晋升。

与"导师制"相对应的另外一个理念是"人人都是内训师"，其基本假设是每个人都有值得别人学习的经验，要通过这个理念传播优秀经验。尤其是对于领导者，也可以通过做内训师和导师提升领导力。著名物理学家 J·罗伯特·奥本海默的弟弟弗兰克·奥本海默曾说过"最好的学习方式是教导他人"。这在美国国家实验室的研究数据中也得到了验证，学习金字塔（见图 8-1）用数字形式形象显示了采用不同的学习方式，学习者在完成学习两周以后还能记住内容（平均学习保持率）的多少。该模型揭示了"教授他人"是最有效的学习方式，也就是我们常说的"教是最好的学"。

在谷歌有一个被称作 G2G（Googler to Googler，谷歌人到谷歌人）的项目，全体谷歌员工都参与了这个项目，互相传授知识。在这个项目中，选拔了几千名内训师，所有谷歌员工都参加了他们的授课。这其实与谷歌 20% 时间项目（谷歌员工有 20% 的时间用于创新）类似，G2G 也助力营造更具创新性、更快乐、更能激发生产力的工作环境。比如，在谷歌有几十名技术顾问，他们是有经验的管理人员，提供保密的一对一辅导，帮助技术部门的谷歌员工提高能力。这极大地提升了技术人员的创新性和活力，这些顾问本身也受益匪浅，他们学会了聆听和移情，强化了自我认知。

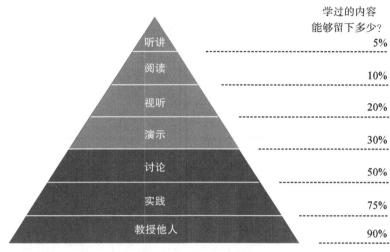

图 8-1　学习金字塔

来源：美国国家训练实验室

"导师制"要解决三个方面的问题：一是文化问题，领导者要带头践行培养人才的理念，人人重视经验传承；二是制度问题，要通过制度解决导师的责权利问题；三是操作问题，要明确导师的辅导路径，以及在不同节点的具体工作要求和评价标准。

以上四种"复制"方法适用于不同的情境，以考代学能促进应知应会知识的掌握，以及信息的快速传递；以赛促训适合短时间内提升某个岗位员工的硬技能；训战结合更适合复杂技能的掌握；而导师传承面向新员工和高潜人才的培养。领导者可以结合团队特点和知识技能类型选择相应的方法推进知识落地速度。4 种"复制"方法的应用场景如表 8-1 所示。

表 8-1 4 种"复制"方法的应用场景

方法	适用场景	注意事项
以考代学	员工掌握应知应会内容有助于新管理思想的落地	避免僵化，学习可以更具趣味性目的是让员工学会应知应会的知识
以赛促训	同一岗位一定规模的员工快速掌握标准化技能，尤其是操作性技能	设计成文化活动，放大其影响力，让同类岗位员工的学习积极性都被激发
训战结合	基于工作场景的实战演练，往往是人际沟通的业务场景	模拟真实场景，训练后及时复盘，复盘后再演练
导师传承	新员工、高潜人才、后备干部、新任管理人员等人才的培养	高管以身作则，有机制保障，明确工作要求和评价标准

下面是某公司系统训练新销售人员的案例，读者可以分析该案例中都采取了哪些"复制"方法。训练设计全景如图 8-2 所示。

案例背景：

R 公司是一家行业领先的 ICT 基础设施及行业解决方案提供商，主营业务为网络设备、网络安全产品及云桌面解决方案的研发、设计和销售。R 公司成立于 2003 年，公司自成立以来，致力于将技术与场景应用充分融合，贴近用户进行产品方案设计和创新，助力各行业用户实现数字化转型和业务价值创新。

案例训练要求：

销售人员负责为客户提供优质的产品和服务。由于公司执行 2B 复杂销售模式，对销售人员的综合素质要求很高。

案例训练内容：

1. 培养周期前置，完美实现从学生到职业精英的平滑转换

新员工训练营周期是一年，拟入职员工从大四下学期开始接受 R 公司的入职训练，直到毕业。这段训练时间内主要的学习内容为基础知识，包括岗位认知、行业知识、产品知识和商务礼仪等。这样做的好处是让等待毕业的大学生利用课余时间提前对将要就职的公司和岗位有一个初步认知，利用大学生的学习特点先将知识实现从记忆到理解。

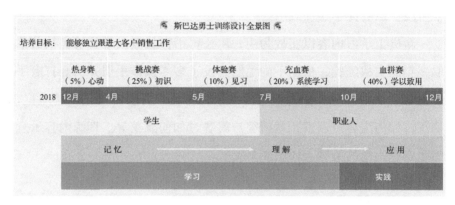

图 8-2　训练设计全景

需要说明的是，R 公司在每年的 11 月份会进行校园招聘，通过严格的全方位的面试来确定拟入职人选。面试时主要考查应聘者的逻辑思维、学习理解、换位思考、说服欲望、诚信正直等方面的能力和素质。

次年 7 月份，新员工入职后就正式进入半年的脱岗训练期，能给新员工安排如此长周期的脱岗训练的公司可谓是凤毛麟角。因为作为学生在校学习期间新员工已经掌握了基础知识，所以入职后的这个训练期将以更实用的实战训练为主。

R 公司之所以舍得在新员工培养上大力投入，是因为 R 公司因大力培训新员工取得了更高的回报，经过持续跟踪，发现经过系统训练后的校招员工其指标达成率普遍高于社招员工，R 公司近几年的顶级销售员中 77% 来自校招员工。

2. 仗怎么打，兵怎么练：从知识学习到技能训练到实战复盘

整个培养周期分为热身赛、挑战赛、体验赛、充血赛到血拼赛5个阶段。以赛促学、训战结合。

新员工学习内容以实战为主，R公司销售负责人带领销售精英萃取多年的实战经验，根据不同主题开发了多本操作手册并精心打磨手册内容，比如商务礼仪的课程会细致到与客户开会时怎样安排座位，喝茶时如何为客户倒茶，邀请客户就餐时如何点菜等。训练内容示意图之安排座次的关键点如图8-3所示。

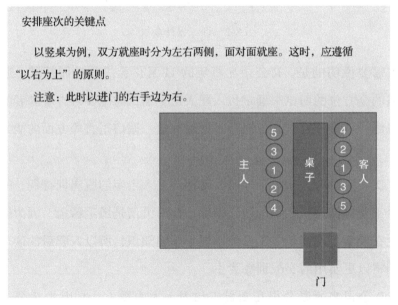

图8-3　训练内容示意图之安排座次的关键点

R公司对新员工的培训形式以训练为主，新员工入职后就进入魔鬼训练阶段，训练中融入大量示范、角色扮演、团队竞赛等方式。比

如，在招投标课程中，会有 5 轮实景演练，这种训练方式可以帮助新员工在未来走向"战场"时能够从容淡定地应对挑战。

经过一段时间的训练后，新员工会进入实践期，这阶段的整体安排是半天上课，半天电话销售实战，晚上复盘。复盘环节非常关键，由导师带领学员复盘在实战中的表现，固化优秀行为，改正问题环节，是一种非常有效的"在战争中学习战争"的方法。

我看到很多企业的人才培养项目还停留在简单的讲授形式上，人才培养就等于听课。其实这充其量叫知识灌输，对于运用成熟的知识，最关键的是训练，是通过一切可行的方法将成熟的知识转化为员工的"肌肉记忆"。R 公司的做法值得借鉴，表 8-2 为 R 公司的训练任务计划表。

表 8-2 训练任务计划表

任务	结合客户需求，配置产品清单，制作呈现 PPT，并进行价值传递
时间	每周 1 个行业，两个解决方案
分组	3 人一组（好、中、差）
机制	• 周一行业授课、周二周三自学，周四周五 PK； • 小组协作出一份清单和 PPT； • 组内抽签决定呈现者； • 呈现成绩为本组本次的 PK 成绩，成绩最高组为"PK 王"； • 个人成绩 = 个人呈现平均成绩 × 70%+ 小组呈现平均成绩 × 30%
辅导人	讲师、导师、技术辅导员
评价与反馈	• 评委：包括讲师、销售经理、技术团队； • 评价标准：以实际工作标准评估（提供评分表）； • 提供矫正性反馈

3. 内部销售精英授课，从培训老师到导师全程陪伴

需要说明的是，该训练营完全由 R 公司销售总经理发起设计和推动实施，而非人力资源部门主导，为什么由销售部门发起该训练营,因为销售部门更了解培训需求和关键痛点,能够让培训更具实战性,让人才培养支撑业务发展。

本书的一个核心理念是,培养人才、提升组织学习力是整个公司尤其是领导者的核心工作,而不能认为这些只是人力资源部的工作。

华为的教育培训理念是"让优秀成就优秀",在 R 公司的训练营中,培训老师均由公司销售管理人员或销售精英担任,他们共同开发和打磨培训课件,解码并传播优秀经验。

在实战阶段,R 公司也会为每位新员工配备导师,进行日常工作的辅导和指导,正所谓"扶上马送一程"。在这个过程中不仅进一步夯实了新员工的销售能力,还提高了导师的辅导能力,也是培养领导力的重要方式。

练习工具

请评估贵公司(或团队)在以上 4 种复制方法中都采取了哪些具体的举措,这些举措如何落地?

复制方法	采取了哪些举措?	如何落地
以考代学		
以赛促训		
训战结合		
导师传承		

CHAPTER 9 ◀ 第九章

内化象限
让外部知识为我所用

如前文所说，如果明确组织要解决的问题是一个外部"已知"问题，就要找到这个领域最专业的方法论，比如该领域的专家或咨询公司，向他们学习。

西贝创始人贾国龙说过："企业家要相信自己是有局限的，有些东西搞不定，就得花钱去买。我们花钱买原料，买羊肉，其实知识、创意也一样，也需要花钱买。创意有创意领域的高手，管理有管理领域的高手，企业家就是整合各种资源，整合原料，整合人，整合创意，把它们销售出去，把钱收回来，然后继续循环。"

但很多组织在向外学习中并不成功，浪费了时间和费用，为什么会无效呢？如何才能将外部知识内化为组织能力呢？

一、向外学习的四个层次

结合第三章提到的知识在大脑中的四个层次，我们也将向外学习分成4个层次，读者可以分析对照所在企业的向外学习都停留在了哪个层次。

层次一：停留在嘴

清楚所学知识的文字表达，但仅了解其字面意思，知其然不知其所以然。比如很多人知道OKR是什么意思，能够清楚说出O是Objective（目标），KR是Key Results（关键成果），但其实并没有深入思考过为什么要实施OKR，OKR适用于什么样的企业或情境，OKR在企业落地过程中会有哪些挑战。可是，当别人谈起来这个话题时，这些人又似乎很懂的样子，但他们对于深入研究OKR并不感兴趣。我们可以称之为"知道先生"。

层次二：停留在脑

这个层次的学习者开始思考知识点背后的道理，研究其所以然，对知识的来龙去脉和具体的操作方法都会进行深入的探索，可以比较清晰地为他人解释这个知识点。比如，研究OKR是怎么发展起来的，它和KPI有哪些区别，可以在什么样的企业使用，在使用该方法时有哪些注意事项。但为什么说停留在脑呢？因为这些学习者所说的内容尚未在组织内进行实践。

层次三：到达行为

在前面的章节中，我们一直强调"没有行动的学习是伪学习"，千万不要做"知道先生"。领导者如果安排下属去参加一场培训，会对他参加这次培训有哪些期待？大部分领导者应该不会满足于下属仅能够如数家珍、头头是道地"转述"老师的知识点。

领导者的期待应该是：培训教授的方法到底是否适合咱们企业？如何才能将这些方法应用于实践？领导者甚至期待过一段时间，员工的行为发生了改变。比如，员工学了OKR后，已经在日常沟通中体现出OKR的思维模式，做任何工作先和团队就O是什么、KR是什么达成共识，这就是行为的改变。

缺乏成长型思维的员工会下意识地排斥改变，也可能因此去排斥新的理论和方法，甚至会找出一堆理由来证明这个新方法并不适用于所在组织，因此很多的学习就止于知识输入。

层次四：得到结果

OKR不仅是一种管理工具，更是一种管理思维，做任何工作都要思考这件事的O是什么，评估是否成功的KR是什么。同样，学习也要有成果。

对于任何一种知识或方法在推进执行的过程中，难免会遇到不适、挫折、挑战，这往往意味着我们正在进步，正在让大脑神经元形成新的连接。但在这个爬坡期，如果缺乏毅力，浅尝辄止，那显然得不到任何成果。

成果也是分层次的，再以OKR举例，某公司引进这套方法，最基础的成果是每个团队和每位员工学会构建出自己的OKR，然后企业可以全面切换成OKR管理体系，有明确的流程和制度；更高阶的成果应该是基于这套模式促进团队绩效提升，使团队更有凝聚力，实现"力出一孔"和"利出一孔"。

二、向外学习失败的五个原因

内化象限的要求就是要达到向外学习的第四个层次，对应这四个层次，我们可以进一步分析出向外学习失败的五个原因，分别为不想学、找错人、没学透、缺行动、没坚持。

原因一：不想学

不想学的深入原因可能是盲目自大，存在大面积的认知遮蔽。在第一篇提到的邓宁－克鲁格曲线中，称这种状态为"不知道自己不知道"。

其实你的盲区可能是他人的常识。比如，技术出身的创业者，他们擅长某项技术带着产品出来创业；销售出身的创业者，自己有客户、有生意出来创业。但仅有一项能力强并不能保证创业的成功，需要跨过的坎还有很多，即使找到各领域最强的合伙人，整个团队也存在认知盲区，尤其是在创业方法论或团队管理方面，这时候与其自己钻研不如快速向外学习。

即使企业进入成长期或成熟期，也会遇到各种问题，在不确定时代，组织会面临各种层出不穷的挑战，与其闭门造车不如打开边界，到业内寻找标杆。华为已如此强大，但任正非仍旧在坚持学习，仍旧说美国是华为的老师。在《打胜仗》一书中，吴春波老师指出，学习华为，别的可以不学，但有两条必须学：第一，学习华为是如何进行自我批评的，因为自我批评是任何组织、个人成长和进步的必要前提；第二，学习华为是如何学习别人的，因为强大的组织学习能力是华为从平庸走向优秀和卓越的关键成功要素。

所以，要学会将别人的经验为我所用。

原因二：找错人

向外学习也不能"病急乱投医"，要找到匹配的学习对象。组织要有一定的鉴别能力，理性判断这些方法论是否适合自己，否则引进来"水土不服"，会让组织受到损害。要找到合适的专家，要思考三个方面的问题。

1. 方法理论权威性

所谓权威性，如果是向标杆企业学习，要判断这个企业是否经受住了时间的考验，而不是昙花一现。比如精益管理来自丰田，丰田在较长的历史周期内都能保持行业地位，所以很多企业要学习精益管理都会向丰田学习。

如果是学习外部的课程，领导者需要判断这个课程被开发出来的背景，是来自某个或某些企业的实践，还是来自老师的个人研究，这个方法论有没有在哪些企业被检验过。比如OKR起源于英特尔，成熟于谷歌，在国内也被大量企业，尤其像字节跳动这样的互联网企业应用。

同时要考察讲解这个方法论的老师或顾问的水平，如果向标杆企业学习，那么谁来分享就十分关键。如果只是一个操作人员，他可能并不会站在整个方法论的演进历史、组织发展的整体角度来理解和阐述他们企业的经验，学习者学到的也可能只是皮毛。

如果是选择外部老师或顾问，那更需要判断其在这个领域的水平，学习的成本会很高，不只是付给顾问酬劳，更关键的是学习者投入的时间和试错成本，因此要慎重选择。

2. 发展阶段匹配性

任何知识和经验都有适用边界。管理者要判断其是否适合企业所处阶段，比如等级森严的、管控严格的绩效管理模式往往就不适用于初创企业，因为初创企业要的是快节奏、扁平化、创新涌现，而不是用严格的制度来约束员工的创造力。

当年华为为什么向IBM学习？

1997年12月，任正非带着华为几位核心高管来到了美国，先后拜访了惠普、休斯电子、贝尔实验室和IBM这4家公司。其中任正非对IBM最为感兴趣，在IBM足足考察了一天。

20世纪90年代，IT行业发生了翻天覆地的变化，进入群雄逐鹿的新时代。而现在随着IBM传统支柱产品——PC业务进入衰退期，IBM陷入了前所未有的逆境，1990—1993年IBM累计亏损了168亿美元，并在1993年单年亏损高达81亿美元。公司曾经濒临破产边缘，当时有媒体称其"一只脚已经迈进了坟墓"，难道往日的"蓝色巨人"就要如此倒下了吗？

正是这一年，被誉为"电子商务巨子"的郭士纳受命于危难之间，开启了IBM从制造商到服务商的战略转型之路，这头耄耋之年的大象开始起舞。

任正非看了一圈美国的公司，认为只有 IBM 能够做华为的老师。这是因为，首先，IBM 从事的 IT 行业和华为从事的通信行业比较相近；其次，IBM 既有传统的业务部门，也有新兴的咨询和服务部门；最后，IBM 从 1995 年以来的转型经验，正是华为需要的。

具体来看，组织在不同发展阶段遇到的问题不同，需要学习的内容差异也很大。

- **初创期**：组织可以学习一些创业类的课程，但需要有鉴别能力，找一些有实力的培训机构，但切忌照搬全抄，创业开始的主要挑战是选赛道，找资源。不要让成熟企业的方法限制初创企业的发展。
- **成长期**：组织需要学习管理方法构建管理系统了，需根据组织特点选择一些相对成熟的管理方法，尤其是对管理者要提升管理能力，这时候也可以找导师或教练对管理者进行训练。可以组织一些领导力训练营或者参加外部公开课，也可以适当选择咨询机构做微咨询，包括战略、组织架构、薪酬绩效等，但这时候切忌"做大手术"，不能用所谓成熟的方法来将企业管"死"。
- **成熟期**：组织需要的是创新、转型、变革，在沉淀自己成熟的经验方法的同时可以引进大的咨询项目，向标杆企业学习。
- **衰退期**：这时候组织需要做的是寻找第二曲线，进入新的创业周期。

3. 方法场景匹配性

任何方法论都有其适用场景，比如 OKR 适用于鼓励创新、面临不确定性的组织或团队，我们也可以称之为涌现型团队；而 KPI 适用于相对稳定、工作重复的组织或团队。所以在有些组织内可能会 KPI 和 OKR 两种管理方式并存，在生产团队用 KPI，而在研发团队用 OKR。

所以，我们在选择学习某种新方法时要深入思考该方法是否适合自己组织的工作场景，当然如果想要转化组织风格，就是想要向另一种文化风格转型，也可以大刀阔斧地引进。

李彦宏曾在内部信中明确表示，"我们需要更大的力度推动百度'简单可依赖'文化的落实，用文化来牵引人心、凝聚共识"。文化落实，必须有制度作为保障。在着手文化建设的同时，百度也开始从制度层面推行变革。2018 年，百度开始全面推行 OKR，代替创立之初就一直执行的 KPI 制度。

原因三：没学透

没学透的原因有很多，主要表现为态度上不认真、找的老师不对、学习方法不对。

华为前人力资源部副总裁吴建国和资深记者冀勇庆合著的《华为的世界》一书中曾披露，在召开关于学习 IPD 的会议时，许多员工竟趴在桌子上面睡觉，一部分领导干部也经常借机迟到早退，有些员工还没有搞明白集成产品开发到底是个什么东西，就开始提出各种各样的问题，要么质问顾问这个东西是不是适合华为，要么就直接告诉顾问，我们的流程比 IBM 的还要先进。这就是典型的态度不认真。

因此，1999 年 4 月 17 日，在华为 IPD 动员大会上，任正非曾严厉地指出:"现在有多少人有新的想法能超越 IBM 的请举手,不要怕嘛。当你也能产生 900 亿美元以上的产值,我们就应该向你学习,我们就不向 IBM 学习。而眼前你没有这个能力,自己学习又不够认真,在没有完全充分理解后就表明一些东西,你那是在出风头,怎么办,我只有把你从我们的变革小组当中请出去!

"虽然世界上还有非常多的好的管理,但是我们不能什么都学。……因为这个往这边管,那个往那边管,综合起来就抵消为零。所以我们只向一个优秀顾问学习,只学一种模型。"

可见任正非为了让员工学会、学透 IBM 的方法论,在解决员工学习态度上是下了大功夫的。

近些年来,我们看到了学习华为的热潮,但很多公司只是在学习皮毛,甚至将华为的狼性文化当作给员工洗脑的工具,并没有真正学透。

有些公司仅将学习停留在看书和听课,知识往往就停留在脑,唯有通过深入思考、研讨、模拟演练等方法才能真正学透知识,这也是我们推崇团队学习的原因。唯有团队共同学习、掌握这个知识,团队才有共识,知识才有可能落地,以及在落地过程中减少沟通成本和误差。

对于重要课题,建议有外部优秀老师和顾问的辅导,领导者不要自己看了几本书就轻易推进,企业没有必要为了省下请顾问的费用而牺牲宝贵的时间,用失败的代价交学费,不如多花一些费用,用费用换时间,换成功率。有时候不是方法有问题,而是我们没有学透。

有一家公司实施 OKR 后并没有达到预期,在进行深入复盘后将原因归结为缺少方法和指导教练。这就是典型的轻视了方法论,往往是"一看就懂，一做就错"，付出了高昂的试错成本。

综合以上，组织和团队在学习过程中要思考几个问题：

- 这个知识点产生的背景是什么？
- 这个知识点背后的本质是什么？要解决的问题是什么？
- 这个知识点的适用边界是什么？
- 与该领域的其他理论相比较，这个知识点有哪些优劣势？
- 这个知识中的哪些点适用于我所在的组织和团队？
- 这个知识点如果在组织和团队内推广，可能会遇到哪些挑战？如何解决？
- 哪个老师或顾问公司是这个领域内最优秀的？他们踩过哪些坑？如何把他们的经验变为我们组织和团队的能力？

原因四：缺行动

《尚书·说命中》云：非知之艰，行之惟艰。在"从知到行"之间有一条难以逾越的鸿沟，组织管理往往就是在跨越这个鸿沟，小到推行一项制度，大到推动变革，无非都是在解决"知到行"之间的阻力。

第七章中提到了变革公式：D×V×FS > R，即 Dissatisfaction × Vision × First Steps > Resistance to Change（对现状的不满 × 对未来的愿景 × 第一步实践 > 变革阻力）。

在该公式中，领导者要认识到要克服变革中的困难，推动员工行动，首先，要让员工看到目前团队存在的问题、面对的困难，直面艰难的现状；其次，要重塑信心，让员工看到采取新的方法后带来的好处，对未来满怀憧憬；最后，更为关键的是推行一小步，先让员工尝到甜头。

宏图大业也须始于足下,首先让员工因为相信所以看见,然后通过一步步的小成功让其因为看见所以相信,如果开始改变幅度太大,挑战性太强,人的本能是拒绝的。心理学家把人的技能练习分为三个区域(见图9-1):一是"舒适区",是我们已经熟练掌握的各种技能;二是"恐慌区",是我们暂时无法学会的具有高度挑战性的技能,如果一定要挑战自己,会给自己带来很大的恐慌;二者中间则是"学习区"。我们在学习区也会有不适感,改变起来也有一定的挑战但是难度不是特别大。

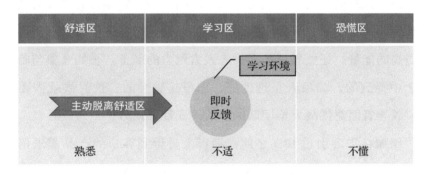

图 9-1 技能练习的三个区域

比如,我在辅导客户实施 OKR 的过程中,并没有辅导客户先拆解全年的 OKR,因为全年的 OKR 需要考验团队战略的制定能力,包括洞察力、决断力等,在此前提下才会有正确的 OKR 的拆解和制定方法,实施起来非常复杂,团队会因此望而却步,或者直接排斥新方法的引入。因此,我一般会辅导客户先接受 OKR 的理念,形成同频认知,然后再辅导他们先结合近期的重点工作做出近 1 个季度甚至 1

个月的 OKR，或者仅仅拆解 1～2 项公司当前的关键事项，通过这种方式让客户掌握 OKR 的拆解方法，等客户熟练运用 OKR 拆解方法后再来学习如何基于公司实际情况制定全年的 OKR，并逐步导入阶段性复盘和员工反馈等技能。

原因五：没坚持

其实很多推行 OKR 的企业最后失败的一大原因是没有坚持，在困难面前退缩，回到原有的管理模式。为什么会坚持不下去？第一是学习意味着蜕变和放下傲慢，任何的改变对于组织来说都有可能会带来阵痛、短时的不适，甚至是短期业绩的波动。领导者需要面对员工的怀疑，甚至是来自更高级别领导者的质疑。第二是坚持学习需要消耗更高的能量，还要做好长期投入人力财力的准备。正如《象与骑象人》中提到的，骑象人是理性的，而象是感性的，这时候就需要激励，领导者面对挑战要给团队的持续改变带来动力。

比如在华为引进 IPD 之前，销售人员得到客户的产品需求信息后上报研发总部，有 3 个月到半年的时间新产品就可以推向市场。而引入 IPD 后销售人员将客户需求上报 IPMT（Integrated Project Management Team，集成组合管理团队）后，不仅要经过产品需求、投资回收、盈利点预测和产品寿命周期等长达几个月的数十项评审，而且要经过一段时间的模拟运行以评估风险，才能决定是否对该项目进行投资；再加上至少 6 个月的研发时间，这样原本几个月便可以投放市场的新产品，现在从立项、评审、研发到推向市场，至少需要一年的时间。

因此，除了研发部门对 IPD 模式产生了质疑外，随着推广和模拟实施的第二阶段的纵深，大量市场人员也认为 IPD 模式将对华为的市场营销业绩产生强大的阻力。为此，各种不良反应也就相继出现：搬个家都会吵架的公司，要进行如此大规模的跨部门协作，一旦项目失败，谁来收拾烂摊子？

面对研发、市场部门的排斥和抵触情绪，1999 年 11 月 16 日，在 IPD 第一阶段总结汇报会上，任正非就曾斩钉截铁地说："我们切忌产生中国版本、华为版本的幻想。引进要先僵化，后优化，还要注意固化。在当前两三年之内以理解消化为主，两三年后，允许有适当的改进。""IPD 关系到公司未来的生存与发展，各级组织、各级部门都要充分认识到它的重要性。我们是要先买一双美国鞋，不合脚，就削足适履。"这就是著名的华为削足适履的案例。

但这直接带来了销售问题：继华为的销售收入从 1996 年的 26 亿元猛增到 1998 年的 89 亿元并成为中国主流通信设备供应商之后，1999 年和 2000 年华为的生意更是非常火爆，客户纷纷向华为定制产品。出于惯性，销售人员也对客户提出的需求满口答应，但由于此时的研发部门，无法再像以前那样快速地推出新产品以及相应的新产品解决方案，致使大笔唾手可得的订单纷纷旁落于竞争对手。

你想想看，如果你是当时的任正非，你是否有这个魄力坚持下去？

当然，这也给我们带来了一个启示，就是什么时候进行转型和变革，一定是"晴天时修屋顶"，也就是在业绩上升期、在顺境时去实施这样的项目，而不要等到业务出现问题时去实施。

在前面章节中我们提到了打造组织的成长型思维。在推动改变过程中更要去培养员工的成长型思维，不要遇到挫折就打退堂鼓，认为该方法不适合自己的公司。具有成长型思维的人相信大脑就像肌肉一样可以锻炼，只要加以努力就可以改变自己，所以受挫是学习而不是失败。

"亚洲飞人"苏炳添为突破10秒大关，2014年改左脚起跑重新开始！目的是重新找到一个适合自己的节奏并突破自己。如果这样改变的话，最基本的成果可能都没有了，就好像要重新学习跑步一样。很多人都跟他说"这么做太冒险"，当时苏炳添也不确定自己能不能成功，但是他觉得失败也无所谓，不尝试才会后悔！

另外，组织和团队需要设计持续的跟进和复盘机制，小步快跑，在实践中学习。哪怕是一点点进步，也要庆祝，也要给予员工正反馈，给员工看到进步的可能，尝到小进步的甜头。当然，组织和团队还需要深挖在推进过程中遇到的问题，找到改进点，不断迭代方法论。

三、内化学习八步骤

有一次在课堂上，有一名学员是一家公司的人力资源负责人，她向我抱怨说："张老师，我们领导很爱学习，现在同时启动了好几个项目，搞得我们应接不暇，分身乏术，整天疲于推进这么多项目，本职工作都没有精力完成了。"

由此可见，领导者爱学习是好事，但是要有鉴别能力，要找到组织当前存在的主要矛盾，有重点地学，否则组织同时推进多个变革项目，反而可能元气大伤。与此同时，要讲究学习方法，让学习更高效。

基于前文的分析，企业将外部知识内化的步骤可以分为八步，我们称之为"五定二推一萃"法，如图 9-2 所示。

图 9-2　内化学习的"五定二推一萃"法

定问题：确定要解决的问题

前文提到企业在生命周期不同阶段所要面临的问题是不同的，不能盲目向外学习，而是针对组织要解决的问题寻找解决方案。所以考验领导者的一大能力是洞察组织问题的能力，当然这个问题有的是显性化的，有的是隐性化的，也就是能否做到"治未病"。问题不能仅看表现，还要找到问题背后深入的原因。

在吉尔伯特行为工程模型（见图 9-3）中，将产生绩效问题的原因分为环境因素和个体因素。

其中，环境因素包括：

（1）**数据、信息和反馈**：对工作的确切、清晰的期望，清晰的标准，参照工作期望的明确、及时的反馈，以及能及时获取所需信息的畅通渠道；

（2）**资源、流程和工具**：包括工具，系统，适当的流程，易于查阅的参考手册，充足的时间，专家或专家体系，以及充足的、安全的附属设施；

（3）**后果、激励和奖励**：分为财务类和非财务类，包括有形和无形的奖励、认可、晋升以及处罚，不只是针对个人的，而是针对工作环境中的所有人。

个体因素包括：

（1）**知识技能**：特别是指通过更多更好的培训、发展机会，任务指派，参与研讨与会议，以及职场教育活动而获取的知识和技能；

（2）**天赋潜能**：包括个人特点，性格特质，倾向性，生理、心理和情绪局限，以及生活状况或生活方式造成的个人局限；

（3）**态度动机**：包括对工作或工作某方面的价值认知，把工作做好的信心，情绪，尤其是职场气候、文化、氛围等（例如威胁性、高压力、支持性、正面的环境）引发的情绪。

图 9-3　吉尔伯特行为工程模型

该模型告诉我们，造成绩效问题更多的原因是环境因素，这里的环境是指组织环境，也就是组织的问题，包括战略、架构、制度、流程、系统等。需要解决的组织问题也要远多于个体问题。

除了发现问题之外，我们在前文还提到组织要保持开放系统，在领导者自我感觉良好的时候，也许他会在外部看到更优秀的标杆企业，听到一堂很精彩的课程，这些可能都会促发组织向外学习的契机。

定对象：找到合适的学习对象

外部学习对象包括书、课程（老师）、咨询公司、标杆企业等。大部分组织会选择邀请专家给予指导，或者请咨询公司对组织进行系统化诊断和提出建议。

也会有企业选择向标杆企业学习，但一定要慎重选择学习对象和方法。《打胜仗》一书强调，真正的对标管理绝对不是听闻某个企业有什么最佳实践，然后找点资料看看或者找个人讲讲课那么简单。它是企业以自己最强的竞争对手（或某个行业中领先的企业或最有名气的企业）在产品和服务流程方面的绩效及最佳实践，作为自己学习和追赶的标准，通过资料收集、比较分析、跟踪学习、重新设计策略并付诸实践，最终确定自己可持续发展的关键业绩标准及最优的绩效改进策略的一套规范化的程序与方法。

华为近30多年来对标的企业，既有IBM（流程），也有丰田（精细生产、合理化建议制度）；既有微软（研发管理）和谷歌（谷歌军团），也有海底捞。2012年年底，华为EMT下发的最后一份文件，就是关于向海底捞和顺丰学习的决议，决议要求华为所有员工用一次顺丰的快递，吃一次海底捞的火锅，感受它们的服务。由此可见，对标也可以跨行业。

定形式：确定合适的学习形式

引进外部方法论有不同的方式，最简单的是上课，最复杂的是引进咨询项目。要结合解决问题的难度和复杂程度选择合适的方法，见表 9-1、图 9-4。

表 9-1　不同学习形式的适用场景

学习形式	适用场景
课程	一般是提高某项技能，比如领导力、销售能力等。团队共同学习形成同频认知，然后推动刻意练习。更有效的方式是请课程老师做一段时间的"陪跑"，给予反馈和答疑
微咨询	顾问（老师）采用"工作坊+陪跑辅导"的方式，帮助导入好的方法论，如流程、制度、薪酬、绩效等。周期相对较短，以帮助学习项目落地为目的，顾问（老师）可以根据组织实际给予针对性辅导
大型咨询	往往会涉及组织较大的变革，比如战略、组织架构、管理体系等。周期相对较长，顾问长期驻场，传统的操作模式是顾问公司出方案，但往往不会帮助学习项目落地；近年来更多组织开始选择顾问公司协助学习项目落地的模式
标杆学习	针对某一个具体的问题，找到这个领域内的标杆企业，成立项目组，学习标杆企业的方法论，并在组织内部落地，坚持施行直到问题解决

图 9-4　根据问题难易程度匹配学习方式

基于组织问题产生的原因，对于复杂的、高价值产出的、高专业度要求的学习，一般都会引入咨询服务；简单的技能类学习可以通过培训课程然后由老师辅导学习项目落地的方式来施行。但**原则上要有专业老师（顾问）陪伴**。

定目标：成立项目组和设定向外学习目标

无论一个简单的课程学习还是大型的咨询项目，组织内部都要成立项目组，只是人员规模和参与者不同。比如，如果是销售能力的提升课程，项目组组长应该是销售负责人；如果是变革咨询项目，项目组组长一定是CEO。除了项目组组长，还要配备成熟的项目经理，负责组织、设计、推动和评估等相应工作。

既然是项目，基于"以终为始"的原则，项目组就要设定明确的项目目标（向外学习目标）。第三章分享了费曼学习法，也就是用**输出学习成果的方式倒逼自己掌握更加扎实的知识**。沿着这个思路，学习中输出的成果不仅是可以讲给别人听的，还可以是应用这个知识去解决问题，输出的成果就是应用后的效果。

用输出倒逼输入，那么这个输出就是有层级的，本书依据布鲁姆教学目标分类（如图9-5所示）将组织教学目标分成了六个级别。

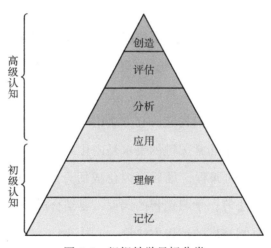

图9-5 组织教学目标分类

基于组织教学目标分类的层级，向外学习目标也可以分层设定，结合实际情况，我们设定的向外学习目标可以有：

（1）记忆与理解层：衡量学习知识的掌握程度

可以让员工写读书笔记，学习课程后根据自己的理解做分享材料，写行动计划。第八章提到的考试也是一种学习方法，还可以作为衡量员工记忆和理解程度的方法。

（2）应用层：衡量行为改变和输出物

第一，针对员工层面的改变，主要是对学习到的技能进行练习，可以设定行为改变的目标。很多人好奇行为改变如何衡量，我们可以用一些过程性指标或维度衡量。如销售技能提升可以用拜访时长，获取客户信息质量等指标衡量；管理人员领导力技能提升可以由其下属来进行评估，比如评估管理人员在沟通过程中提问的次数、正反馈行为是否增多、目标设定的清晰度等。

第二，针对组织层面的改变。微咨询或咨询项目均会涉及制度、流程的重新构建，比如"流程型组织""OKR""股权激励"等课题，其最好的落地方式就是微咨询，由老师（顾问）帮助构建公司的制度和流程，然后辅导制度和流程落地，这些也是项目的基本输出。

（3）高级认知部分：构建一套方法论

内化象限的一个非常关键的要求是内化出组织自己的方法论。如要学习一套OKR的课程，最后要内化成适合组织特点的OKR实施流程、制度、方法等；学习销售的课程，要结合组织实践，构建一套在组织内可以复制推广的销售方法论。

（4）终极目标：业绩指标变化

组织学习的最终目的是驱动组织发展，而业绩提升是最为显性的成果，也是激励团队努力学习的催化剂。

比如销售技能提升，仅仅学习课程和改变行为是不足以证明学习效果的，还要在销售负责人的推动下带来销售业绩的提升。

比如流程型组织，最终带来的是每条流程输出质量的提升。如果是客户服务流程，显然其显性指标就是客户满意度和复购率的提升。

需要强调的是，如果这个学习项目是由普通员工参加的，学习项目的目标需要由学员上级和学员共同制定并公开展示。明确的公开发布的目标有利于督促参与者以终为始，采取相应的学习方式实现目标转化。而为什么要有学员上级参与到目标设定中呢？一是为了让参与者更加重视；二是因为学习的转化发生在日常工作中，日后的实践过程中需要上级的支持和督促。

定计划：设计行动计划

项目组基于以上确定的形式将外部的知识结合企业实际输出解决问题的行动方案，然后将行动方案转化为行动计划，而行动计划分为两个部分。

1. 组织部分

如前文所说，组织部分涉及组织架构、流程制度等方面。需要项目组根据分工围绕着确定的目标设计项目落地执行的行动举措，对于预期有困难的解决方案，应限定每个行动举措的完成时间及指定责任人等。

2. 团队与个体部分

这部分主要是技能的刻意练习。可以结合本书第五章设计相应的练习计划。

推执行：将知识转化为行动

推动执行要锲而不舍，勇于探索，一旦认准了就不轻易退缩。在执行过程中也要灵活应变，持续迭代执行方案。我曾经辅导几家公司落地执行 OKR，发现落地执行效果好的公司是因为 CEO 能够以身作则，全程参加启动会、工作坊、复盘会等关键环节，在执行过程中尽管也会遇到个别领导者的摇摆以及对于该方法的质疑，但负责人也不会轻言放弃，而是会根据企业战略方向和业务特点调整方案。而落地执行效果较差的公司则相反，负责人推动力度不够，容易举棋不定，部分领导者因为改变带来的不适应退回到 KPI 管理模式。

对于咨询项目，任正非规定："为了保证项目得到真正的实施，公司全体干部员工必须分配足够的时间参与到项目中来，包括参加各种培训和项目研讨会。在此期间，每个部门的业绩目标都可以适当调低。"

对于需要团队掌握的技能，团队领导者是第一责任人，要带头在团队中按照第五章的方法推进刻意练习。

推复盘：不断复盘，形成习惯

对于创新性举措，高频次复盘是必需的动作。本书第六章分享了复盘的方法，在复盘中非常重要的是对经历中的行为进行复盘，找到"可控性因素"而不是"不可控因素"，因为只有在可控性因素中我们才能获得成长的方法。有一次我给一家企业的管理人员讲"复盘"的课程，在练习中有不少学员都会习惯性归因于外，找不可控因素，然而在我给大家讲了"成长型思维"后，大家开始刻意练习这种思维。

比如，有人说："我们的一把手不重视培训。"其他学员会问："那我们可以做些什么？"这时候，有人回答："我们可以积极践行培训中学习到的知识，让他们看到培训给我们和团队带来的改变的价值。"这就是成长型思维，当遇到自认为的不可控因素时，问一句"我可以做什么？"，回顾自己的努力方向。

萃方法：萃取出方法论

在步骤四中讲到内化象限的一个关键要求就是要萃取出适合自己组织的能够促进组织业务发展的方法论而不是一味照抄"老师傅"的方法。华为不遗余力地向外学习，但都会内化为自己的方法，比如目前在用的 IPD 方法已经完全内化。

再比如，华为数通产品线曾全面向其竞争对手思科学习，从 1998 年开始思科的市场份额一直占据在 80% 以上，处于绝对垄断地位。产品方面，华为研究思科设备的操作界面，包括设备界面的语言提示、操作步骤设置；研究思科设备的产品外观、尺寸大小、产品材质；研究思科的产品规格。市场营销方面，华为学习思科的广告推广方式，研究思科在哪些媒体打广告、经常找哪些广告机构、设计风格是什么样的。初期，华为只是在产品功能和形态上简单模仿和扩展，比如思科的设备提供 2 个插槽，华为就提供 4 个插槽；思科的板卡提供 4 个端口，华为就提供 6 个甚至更多。[一]学习的目的不是简单模仿，而是超越。

华为一直强调"以客户为中心"，面向客户需求，重视客户需求，

[一] 来自《华为 2B 的秘密》，https://mp.weixin.qq.com/s/zE60EFRds-K-nnWr6b4f2w。

按照客户需求改进产品,并快速响应客户反馈。在向竞争对手全面学习之后,华为很快就从早期的简单模仿走向面向客户需求开发产品。华为学习思科的项目交付流程、售后服务流程,作为参考,最后形成自己的流程体系。

综上所述,为什么称该象限为"内化"象限?就是要持续地将他人的经验转化为适合自己组织的方法论,固化为组织能力。我们可以将这个过程简化为"学–用–转"的方法要求,带着问题去外部找到适合自己的学习对象,成立项目组,学精、学透,但关键是结合自己组织的特点设计有效的落地执行计划,在工作中推进应用,并在落地执行过程中要及时复盘,逐步构建出超越被学习对象的适合于自己组织的方法论,成长为组织能力。

练习工具

1. 思考下,贵公司(团队)最近一次向外学习的经历,你认为这次学习是否成功?学习停留在了哪个层次?
2. 试着总结在本次学习中的成功或失败原因?对未来向外学习有什么启发?
3. 贵公司(团队)当前有什么需要解决的问题需要向外学习?试着用这张表推进此项工作。

阶段	步骤	内容
五定	定问题	要解决什么样的问题?产生问题的根源是什么
	定对象	有哪些人员参与?如何保证大家的投入度
	定形式	根据问题的难易程度确定采取什么样的学习形式

（续）

阶段	步骤	内容
五定	定目标	输出倒逼输入，衡量向外学习成功与否的标准是什么
	定计划	具体的行动计划是什么？如何保障成功推进
二推	推执行	如何推进刻意练习？如何让外部知识内化为内部能力
	推复盘	准备多长时间复盘一次？如何让复盘落到实处
一萃	萃方法	项目结束后要萃取出哪些具体的方法论

第十章 ◀ CHAPTER 10

探索象限
用已知路径解决未知问题

企业经过战略解码后，发现有些问题会相对较为复杂，外部也没有确定性的解决方案，可能需要较长周期解决，比如以下问题：

- 如何缩短产品开发周期？
- 如何提升供应链的稳定性？
- 如何解决前中台的协同？
- 如何实现高端市场的突破？

大部分企业会把这些难题安排给某个部门或者某个人负责推进，其作为负责人可能会开展一些调研工作，召集研讨会议寻找解决之道，但往往很难推进，主要原因包括：问题研究不透彻；研讨不深入；有些参会者仅提供一些建议但不负责推进；缺乏部门间协同；后期推进不扎实，并且缺乏复盘机制。

我们为什么从组织学习角度来阐述该象限，是因为企业不仅要打胜仗还要在打胜仗的过程中提升组织和团队能力。

因此，挑战性工作本身就是一次难得的学习机会。与重复性、常规性工作不同，组织要将具有挑战性的工作作为重点项目来推进，有些公司将其称为"战役"纳入年初战略规划。针对这类问题，组织应遵循"借事修人""事进人出"的理念，在解决问题的过程中不仅关注问题本身，还要锻炼人才，提升组织能力。

对于该象限问题，我们建议的学习方法为"团队学习＋行动学习＋复盘"。需要说明的是，本章内容不是专门介绍行动学习技术，而是基于组织学习的角度阐述行动学习如何用于解决组织问题并实现团队能力提升的方法。

一、行动学习是有效的组织学习方式

从 20 世纪 40 年代开始，经过长期的理论积累和实践尝试，行动学习理论逐渐形成。在 20 世纪 70 年代由英国学者雷格·瑞文斯 (Reg Revans) 博士第一次使用"行动学习"这个术语。行动学习现在已经成为组织发展与人才发展的一种主流工具，在不少企业并不是新鲜事物，尤其是在有一定规模的大企业。但不要认为其只适用于大企业，因为任何组织都会遇到难以解决的问题或者基于年度战略规划的落地而面临复杂挑战，所以本部分内容同样适用于中小企业。

行动学习是一小组人共同解决组织实际存在问题的过程和方法。

行动学习不仅关注问题的解决，也关注小组成员的学习发展以及整个组织的进步。所以行动学习本身就是组织学习的一种行之有效的方式。

早期在组织内推行行动学习的公司是通用电气。1955年，通用电气成立了全球第一所企业大学——GE克劳顿管理学院。杰克·韦尔奇之前，通用电气高层较少亲临克劳顿管理学院，教师都是邀请外部教授或者顾问来担任。自韦尔奇开始，克劳顿管理学院增加了通用电气高层亲自教授的比重。每年韦尔奇坚持亲自执教至少40个小时，平均每个月来一到两次。作为通用电气的"一把手"，他上课更多采取互动式教学方式，而不是以单纯演讲的灌输方式宣讲最新的市场前沿动向。

韦尔奇在1980年代后期发起了"群策群力"（Work-Out）活动，意在集中通用电气内外、上下各方面的智慧，培植、收集和实施好点子。韦尔奇相信，实际操作者才真正具备提高生产效率的创造力和革新办法。

在《杰克·韦尔奇自传》中提到，"群策群力"计划已经开始在公司里建立起学习型文化，无边界理念则为这一文化增添了新的动力。到1990年，各个下属公司之间已经开始分享一些成果。

到1992年，已经有大约20万名通用电气员工参加过"群策群力"会议。一位家用电器工人曾经总结：25年来，你们为我的体力劳动支付工资。而实际上，你们本来还可以拥有我的大脑，而且不用支付任何工钱。

韦尔奇推行的群策群力是行动学习的一种简易操作方法。韦尔奇上任时，克劳顿管理学院的负责人是在哈佛商学院任教过的吉姆·鲍曼。后来吉姆·鲍曼聘任了密歇根大学的管理学教授诺埃尔·蒂奇，他上任后做的第一件事就是用行动学习代替案例教学，所有学生不论去哪都需要解决真实的业务问题。诺埃尔·蒂奇将学员从通用电气新员工到高管分别组成不同级别的行动学习小组，比如刚刚加入通用电气的 22 岁工程师新员工为一组，他们需要解决的是具体的工程业务、团队协作和流程管理上的一些问题。而对于通用电气的业务领导层来说，他们要解决的问题是战略问题。

在国内较早引进行动学习的是华润集团和中粮集团。中粮集团采取行动学习和当年中粮集团的战略转型密切相关，因为在战略转型期会遇到更多的复杂的需要探索的未知领域的问题。

中粮集团内部将行动学习称之为"团队学习"，强调团队组织的学习。[一]2004 年，宁高宁加盟中粮集团任董事长后，开始将中粮集团从一家外贸公司向全产业链粮油食品企业转型。此前贸易企业最大的特点就是抓机会但没战略，宁高宁所做的就是要将一家机会型的贸易企业转型成为战略清晰的产业化经营企业。这个浩大的工程不仅涉及业务调整，还有整个商业模式、组织架构、管控模式的调整，甚至人的思维方式、企业文化都将面临巨大的转变，要让这样的一艘"巨型航母"转身，难度巨大。

宁高宁把培训作为推动整个企业转型的最好切入点，以此形成中粮集团团队学习的模式。宁高宁所强调的培训并不是传统意义上的培训，他将培训当成一种工作方法，意在培训团队的决策方法和团队建设的方法。

[一] 来自 https://www.sohu.com/a/70112650_396772 。

中粮集团规定，所有的领导者都是其所在团队的培训师，宁高宁也不例外。培训师就是催化师（促动师），中粮集团并没有建立一支专门的催化师队伍，而是首先培养领导者的培训技巧和催化技巧。中粮集团行动学习最大的成果一是造就了氛围，二是开阔了视野，提升了能力，更专业一些的就是质疑、反思、系统思考。团队参与的目的是避免领导者的一言堂或者避免某个人或某个部门的利益主导整个组织的规划。

因此，行动学习是有效的组织学习方式。

二、从六要素看行动学习的价值

行动学习为什么能够帮助组织在解决问题的同时加速组织学习？我们可以从行动学习的六个要素展开分析。

1. 促动师

国内有很多受过专业认证的促动师，他们是行动学习中的学习教练和方法专家，是行动学习中独具特色而又非常重要的角色。促动师负责过程的设计、研讨过程的引导、激发探索、质疑和反思。

但基于成本和时间考虑，组织未必在所有项目中邀请外部专业促动师参与。组织内部也可以有人扮演这样的角色，正如前文所讲，宁高宁在中粮集团要求每个管理人员都认证为促动师（在中粮集团为催化师），这样不仅有利于在正式的行动学习中引导团队讨论，也可以在日常开会中应用群策群力的方法启发团队深入反思。但是在一些规模较小的行动学习研讨中，主持人未必是经过认证的专业促动师，但可以刻意练习"保持中立，启发引导"的技巧，更关键的是通过提问的方式引发团队深入思考，激发参与者群策群力，包容共创，互相点燃激情，开展学习。

2. 复杂性难题

解决复杂性难题可以给组织带来显著收益，并能给参与者带来学习机会。

这类问题因为在组织内外没有已知的解决方案，参与者是在探索未知领域，在这个过程中互相激发，拓展知识边界，走出思维盲区，学习到新的解决问题的方法。

3. 多样性小组

这是行动学习的核心，通常由持不同观点的 4～8 人组成，他们的工作职责与要解决的问题有一定关系，但在项目推进过程中多样性小组强调"没大没小、没上没下"，放下权威，放下层级，从平等并尊重每个人的贡献。因此参与者要承诺解决问题，认真听取建议，愿意提高自己并支持其他人的成长，以小组为中心而非以个人为中心。

4. 关注学习

在行动学习中，学习与解决问题同等重要，小组成员需要有开放的心态，进入学习者模式。促动师或负责人要定期组织参与者进行深入反思，互相反馈，推进能力成长。

5. 提问与聆听技巧

反思性提问与聆听反思是行动学习区别于一般研讨会的标志，也是引发小组成员学习的重要力量。

管理大师德鲁克说过这样一句话:"管理决策中最常见的错误来源,就是强调发现正确的答案而非正确的问题。"如果问题就问错了,那么答案不可能是对的。

很多领导者发指令多,提问、聆听少,在团队沟通中一言堂,团队成员会关闭思考通道,这种管理方式就禁锢了团队的成长。因为任何人都有自己的认知边界,领导者不是万能的,不能用自己的边界来划定团队的边界。

尤其是在探索象限,我们是在不确定性中寻找解决方案,找到更多可能性,领导者在这方面也是新手,应该鼓励群智涌现而不能控制思考空间。

6. 采取行动

行动学习的根本是要快速行动、小步快跑、敏捷迭代,而非停留在纸上谈兵,在教室里论英雄。这是在以往我主导行动学习过程中最具挑战性的环节,也很容易在该环节功亏一篑。不论促动师的引导水平高低,总是能够共创出一些想法,但是这些想法往往是纸上谈兵容易,推动落地存在挑战。但我始终认为"没有行动的学习就是伪学习",因此在项目前、中、后都要有坚实有力的落实机制,强调"玩真的""真行动",当然也要配备相应的奖惩机制。

除了以上六个要素外,行动学习还应该有后期的持续跟进复盘机制,在跟进复盘中进一步促进团队的反思,对解决方案进行迭代,同时萃取成功经验,沉淀组织智慧。

可能有些人会认为这与企业里解决复杂问题的方法没有太大差

别，因为在企业里解决复杂问题时往往也会成立项目组，用头脑风暴的方式研究解决方案，并进行推进。但行动学习更强调的是在行动中学习，解决问题只是目的之一，更为关键的是我们在解决问题中有没有提高学习的价值。

三、用四个阶段解决探索象限问题

如何解决探索象限的问题？我们可以分为四个阶段，分别为准备阶段、共创阶段、行动阶段和收割阶段。探索象限四阶段流程如图 10-1 所示。

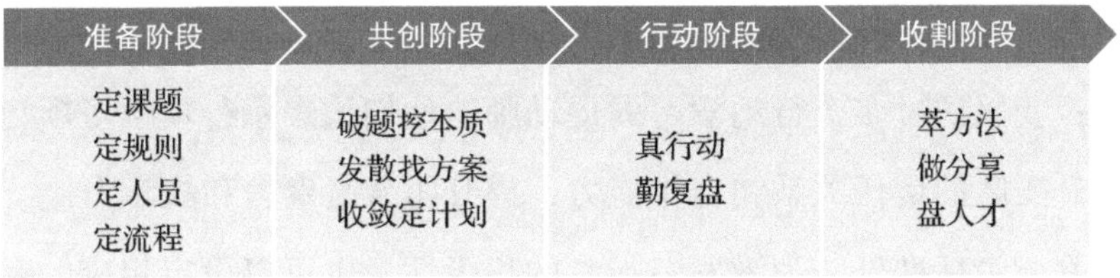

准备阶段	共创阶段	行动阶段	收割阶段
定课题 定规则 定人员 定流程	破题挖本质 发散找方案 收敛定计划	真行动 勤复盘	萃方法 做分享 盘人才

图 10-1 探索象限四阶段流程

（一）准备阶段：凡事预则立不预则废

准备阶段的核心工作为"四定"：

1. 定课题

确定课题，即企业高层根据组织战略和业务发展需要确定要解决的问题，这些问题复杂且具有挑战性，组织内外没有太多可供参考的经验借鉴。比如，高端产品的研发和破局、困难市场的开拓、成本结构的优化等。

2. 定规则

规则往往表现为明确的衡量项目成功与否的标准，表现为业务目标和学习目标。业务目标容易理解，可以体现为约定时间内的收入、利润、成本、客户数量、份额等的变化，以及拆分为阶段性的目标，如产品上市、招募员工、成立分公司等；但作为学习目标，自然是不能忽视在竞争中培养人才的目标，这包括沉淀方法论、参与人员能力的提升、人才盘点甚至团队氛围的打造等。

人员能力的提升要有细化的评估标准，比如深度思考能力、提问聆听能力、团队合作能力、组织管理能力、战略思考能力、营销策划能力等；人才盘点体现为选拔出可以提拔的干部，甚至淘汰不合格的人员；我采访过多个行动学习的促动师，他们均表示行动学习项目可以提升团队的信任关系和合作能力，提升团队凝聚力和战斗力。

除衡量标准外，为激发参与者的积极性，也可以设定相应的激励措施。

3. 定人员

要确保项目组的参与者均与该项目主题有关，愿意投入时间并从中发展个人能力，参与者要有一定多元性，比如跨部门、跨专业、不同性格，甚至是考虑新老员工结合。也要控制人数，一般 4～8 人较为合适。

需要强调的是，为了激励项目，可以根据最后的成果设定相应奖励措施，避免项目组成为一个虚拟小组，小组中的每个人只是例行参会而缺乏投入。对于重大项目建议寻求外部专业促动师支持，中小项目可以由公司内部管理人员或培训管理人员担任促动师，或者小组成员轮流担任。

在项目小组立项之初，小组成员就要承诺在参与过程中遵循以下3个原则：

（1）开放心态：要培养学习者模式和成长性思维。这包括对他人不同意见和观点的开放，也包括对新知识的开放；也愿意分享自己的经验和观点，实现同他人的知识联结。

（2）追本溯源：不浅尝辄止，不满足于表面，寻找问题本质，在解决问题中锻炼深度思考能力。

（3）知识管理：将以往工作经验和在本次项目中的经验进行萃取凝练，为组织萃取出以后解决类似问题的方法论。

另外，促动师的引导技术也是领导者在日常工作中可以应用的一项技能，比如在召开会议和辅导下属等场景中，都可以更好地启发思维，推进共识。所以，小组成员轮流做促动师也是可以尝试的方法。

4. 定流程

一般项目需要经历初步共创方案，实践，复盘研讨，再实践，再复盘研讨……复盘总结的完整流程，即第一次共创会结束后，随着行动举措的推进，会定期或不定期组织共创会，一是复盘经验教训，二是针对出现的新问题再次进行共创寻找解决方案。

（二）共创阶段：实现智慧的碰撞和流动

在行动学习项目中会涉及多次共创，第一次尤为重要，因为要共创出初步的解决方案和行动计划。而衡量共创会优劣的关键标准是共创氛围，营造氛围也是促动师的核心职责，好的氛围表现为：

（1）参与者表现出学习模式而非评判模式。

（2）参与者是否积极地毫无保留地表达。

（3）参与者的发言能否与其他人的观点产生联结。

（4）参与者能否在研讨中引发深度思考。

（5）为了达成积极成果参与者之间会基于信任引发建设性冲突。

（6）参与者全情投入，共创会上几乎不看手机和电脑等。

其实不仅仅是行动学习的共创会，以上标准也是衡量我们日常会议有效性的6条标准。

在召开共创会之前可以要求参与者就该项目查询相关资料，提前思考，以使共创研讨的质量更高。研讨从大的环节来说可以分为3个环节，是一个由发散到收敛的过程，分别为：破题挖本质、发散找方案、收敛定计划。项目小组共创学习场如图10-2所示。

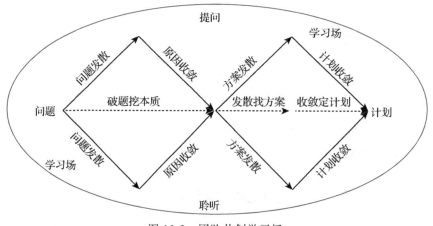

图10-2 团队共创学习场

1. 破题挖本质

我们要解决的不是表面上的问题，项目小组要找到真问题，需要深入挖掘问题本质。在促动师引导下用结构化研讨方法寻找问题的深层次原因，要深挖问题背后的问题，找到造成问题的真实原因，这个过程也可以称为重构议题。

结构化思考的方法很多，可以参照很多已有的模型（项目小组掌握一些通用的思维模型可以提升团队思考和决策的质量），来拆解具体的问题，比如战略分析的 SWOT 模型（Strength 优势，Weakness 弱势，Opportunity 机会，Threat 威胁）、PEST 分析模型（Political 政治，Economic 经济，Social 社会，Technological 技术）、波特五力模型（同业竞争者的竞争能力、潜在竞争者进入的能力、替代品的替代能力、供应商的议价能力与购买者的议价能力）、3C 模型（Customer 消费者，Competitor 竞争者，Corporation 企业自身）分析等，在营销策划方面有 STP 模型（Market Segmenting 市场细分，Market Targeting 目标市场，Market Positioning 市场定位）、4P 模型、4C 模型等，在问题分析和梳理方面可以借用"鱼骨头"分析法，在原因分析方面可以使用 5WHY 分析法，也就是连续问 5 个"为什么"，抽丝剥茧，一层层找到最根本的解决方案。

比如要解决的问题是销售业绩差，表面原因是销售能力弱，但再深挖一层可能是销售意愿低，而销售意愿低的原因是激励制度不公平。再比如，表面问题是某产品不够适销对路，最后深挖出的原因可能是渠道选择上有问题。

所以，在这个步骤，促动师要鼓励项目小组的成员深入思考，用

问题引导大家去寻找根本原因。关于提问的方法我们在第六章已有详细介绍,在此我们强调促动师提问时需要遵循的原则:

(1)多问开放性问题。比如,"大家想想看还有哪些原因造成这个问题?",而不是直接问"这是不是国家政策收紧导致的?"。

(2)多问积极正向的问题。不要用批判性观点提问,比如:"为什么别人能做到,你就做不到呢?"即使有质疑,也可以换一种问法,比如:"我们如何做才能实现这一目标?"

(3)不问诱导性问题。比如:"我们是不是应该……"

(4)要用上扬启发的语气语调。如果是下压的质问的语气语调,很容易关闭思考大门。切记,促动师是在打造一个开放的场域,而不是带着个人情绪和观点。如果要表达自己观点,可以先摘掉"促动师"的帽子,和项目小组说:"我先跳出促动师角色,发表一下我对这个问题的观点。"

(5)追问澄清。如有必要,在分析问题时可以要求发言者提供事实和数据,以证明自己的观点。爱因斯坦曾说:"提出一个问题往往比解决一个问题更重要,因为解决问题也许仅能是一个数学上或实验室上的技能而已。而提出新的问题、新的可能性,从新的角度去看旧的问题,都需要有创造性的想象力,而且标志着科学的真正进步。"⊖

除了提问外,聆听也是重要的领导能力,提问与聆听本来就是一体两面。据我观察,在职场中善于聆听的人基本是情商很高的人,而领导者中重视聆听能力的领导者占比并不是很高。鼓励他人发言时,如果我们没有认真倾听,其实发言者很容易感知到,从而降低表达的

⊖ 唐辉. 行动学习画布:团队互助学习实操指南 [M]. 北京:电子工业出版社,2019.

积极性，破坏整个场域。最关键的是，如果缺乏聆听，就没有学习产生；缺乏思想碰撞和链接，会导致整个研讨的质量下降。

在《U型理论：感知正在生成的未来》一书中，将聆听分为四个层次：

第一个层次：下载式聆听，也可以称为选择式聆听，也就是说聆听者只听自己想听的，其实对方还没有说话前，聆听者就有了自己的假设。

第二个层次：事实式聆听，这是深度聆听的开始，聆听者开始放下自己的执着，全然聆听对方的表达。

第三个层次：同理式聆听，聆听者不再仅靠耳朵和头脑来听，而是打开内心世界，站到对方的角度看问题，聆听其背后的情绪和意图。

第四个层次：生成式聆听，也可以称为共生式、临在式聆听。聆听者已经全然感知对方的状态，感知其内心真正的期待和追求。聆听者和对方已经成为一个整体，破除二元对立，没有"你我"之分，将双方、将场域内所有人的思想、智慧融为一体，追求"我们"想要的未来。

你可以观察一下，身边同事的聆听经常处于哪个层次，也察觉下自己的聆听状态。聆听是一项需要我们持续刻意练习的技能。

2. 发散找方案

群策群力解决方案，首先要针对前期研讨的问题根因，制定子目标，这些目标要具体可衡量且有时间限制，比如如果根因是渠道制度问题，那就要确定"多长时间内制定出一版符合什么标准的渠道制度"，比如当下首先要解决的是打造样板市场，那就要确定"多长时间打造出几个样板市场,样板市场要符合什么样的标准"。

基于"以终为始"的原则,有了清晰明确的目标,解决方案往往就迎刃而解了。而在具体研讨解决方案的过程中,要坚持两个原则:

(1)经验分享原则,参与者要分享自己在相关领域的经历,供其他人参考。这也是非常有效的学习方式。

(2)积极正向原则,我在引导行动学习的过程中,常碰到的问题是,当有人提出建议后,其他人可能会说"这太难了""这根本做不到""我们缺乏这方面的人才""我们没有资源""这个想法不现实"。如果这样研讨问题,基本上我们就会与很多创新想法失之交臂。促动师要及时洞察到这种消极想法,转化研讨场景。

正向转化的方法就是要靠促动师再次提出好问题,具体有三种转化类型,如表10-1所示。

表10-1 正向转化问题

转化类型	参与者的表达	促动师的转化提问
将问题转化为成果	"我们怎么有这么多问题""这样做太耗费时间精力"	"我们想要什么样的成果?""我们想要一个什么样的未来?"
将困难转化为举措	"我们不擅长这件事""现在市场环境太差了"	"我们怎么样拥有这项能力?""我们怎么样才能克服这些困难?"
将失败转化为学习	"我们上个月做得还不够好""付出这么多,我们还是没有拿下这个单子"	"我们在上个月的工作中学到了什么?""嗯,下次我们应该如何操作才能够做得更好?"

为了让研讨更高效,可以采取"静默—轮流发言—深入碰撞"的方法。

第一步,静思和默写。给参与者更多时间思考,可以创造出更多的解决方案,可以发给参与者便利贴,邀请他们将想到的解决方案写在上面。

第二步，轮流发言。轮流发言时要遵守"三不"原则，即不打断、不评判、不质疑。很多会议无效的原因就是一言堂或大嗓门，领导者随意打断和发表观点，最后的结果是仅有领导者或个别人发言，降低其他人发言的欲望，无法形成流动的学习场。

第三步，深入碰撞。所有人轮流发言结束后，参与者对于他人发表的不理解的或者不认可的观点，可以直接沟通，说明自己不认可的理由，促动师引导参与者进行深入思考和碰撞，激发参与者碰撞出更高质量的解决方案。

当经过深入共创形成很多解决方案时，促动师需要引导参与者收敛确定具体需要执行的行动计划。可以评估每一个解决方案的实施难度和收益大小，按照图10-3 收益/实施难度矩阵排序，可以找到容易实施且收益大的解决方案。

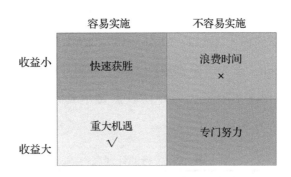

图 10-3　收益/实施难度矩阵

3. 收敛定计划

王阳明有言"知而不行，是为未知。"不管前面有多么激烈的讨论，有绝佳的解决方案，但若缺乏后期行动就会造成问题得不到解决且参与者并没有学到知识的局面。很多企业的行动学习都缺乏具体的落地执行计划，或者有了计划但缺乏后期行动。如果将行动学习等同于有结构的头脑风暴，研讨结束就万事大吉的话，其结果一是组织问题仍未解决，二是参与者也并没有实现成长。

因此，要将解决方案拆分成多个环节，对于每个环节要有相应的目标和要求；具体的落地执行计划要有责任人、时间、行动成果等（表），简称为5W2H1R法，具体见表10-2。

- Why：为什么？我们项目的目标是什么？解决这个问题更大的意义是什么？
- What：什么？我们项目最终要解决的问题是什么？
- Who：谁？谁是解决问题的决策人？参与者分别有哪些人？
- When：何时？我们各项行动具体实施的时间节点是？
- Where：何地？分别要在哪里实施这些行动？
- How：如何做？不同的责任人需要采取哪些具体的行动？
- How much：多少？分别要投入多少时间、精力和经费？
- Result：结果是什么？每个阶段需要达成的成果有哪些？如何衡量是否成功？

表 10-2　行动计划表

行动计划	关键任务	责任人	启动时间	第一周	第二周	……	衡量标准	监督人
行动 1	任务 1： 任务 2： …							
行动 2	任务 1： 任务 2： …							

（续）

行动计划	关键任务	责任人	启动时间	第一周	第二周	……	衡量标准	监督人
行动3	任务1： 任务2： …							
…	…							

（三）行动阶段：让问题解决和学习成长同步实现

共创会结束后，就进入了最具有挑战性的行动阶段。实践是检验真理的唯一标准，会议中在思想火花中碰撞出的解决方案要到实践中进行检验，参与者要将想法变为现实，这也是考验组织执行力的时候，因为这个领域是探索领域，没有以往的经验可以参照。

我们发现行动学习失败的关键原因之一就是缺乏跟进和复盘，因此，作为责任人，需要执行两个动作，即"真行动 + 勤复盘"。

1. 真行动

项目组成员要按照行动计划表中的时间节点推进。责任人负起监督责任，推进项目进展。不仅是行动学习，其实其他学习项目无效的一个关键原因也在于缺乏后期的跟进。我辅导过的一家企业的CEO和我抱怨说："我们公司有战略重点，每月开例会时也会强调当期的重点工作，但是总是发现大家以工作繁忙为由缺乏推进或者推进很慢，甚至最终不了了之。"

缺乏跟进的行动计划往往最后就停留在了计划。项目责任人要根据前期的行动计划进行跟进，我见过有些企业的跟进就是让项目组提交几页PPT，做成了形式上的行动学习，我们要用真实的数据和事实论证项目进展，必要的话要到一线、到市场去验证问题解决的进度和效果，并及时复盘。

2. 勤复盘

复盘的重要性体现在项目组成员间对齐工作进度，及时分享经验，针对发现的问题进一步共创解决方案，并调整前期的行动计划，相当于一次新的共创会。如果受时间和空间限制，也可以在线上召开。

下面通过一个案例来展示高频次跟进和复盘的重要性。

音卓教育致力于成为中国最具品质音乐教育培训机构，专注3～14岁儿童钢琴培训，独创小班双师模式和小班陪练模式，通过对教学、陪练场景进行切分，大大提高了孩子的学习效率。

但是2020年1月份开始的新冠疫情也让音卓教育这种重度依赖线下教学的教培机构遇到了发展困境，管理层积极反应，快速确定了要向线上教学转移的策略。基于OKR的思路，管理层确定了3个目标，分别是上线率、0退费、转化率35%，并拟定了相应的关键动作，各部门基于公司级的关键动作分解本部门的关键动作。

由于传统的钢琴教学是重度依赖线下教学的模式，家长对线上教学一时难以接受。所以这种转型对整个企业来说都是非常具有挑战性的工作，也是疫情之下主动做出的选择。企业围绕着这3个目标梳理流程，分解具体岗位应该怎么去做，从产品的定位设计到研发交付，再到客服人员如何让家长接受线上教学的方法；与家长沟通如何排课，如何下载系统，然后提供什么样的课后服务等，经过目标分解确定了非常详细的执行流程并逐一安排对应人员。所有的行动、流程和人员安排都在企业的整体进度计划表里及时更新，做到信息同频。

对于整个企业来说，这是一个创新性的工作，所以要做到每日复盘，而他们也确实是这么做的。

高管每日凌晨复盘，更新整个进度计划表，各团队早会时基于企业整体的更新来更新自己团队的工作计划，晚会时再进行复盘。每周管理层进行一次大的复盘动作。

整个 2020 年的 2 月份，音卓教育处于实战状态。管理层和员工都感觉到非常辛苦，但是值得庆祝的是完成了上线率和 0 退费两个目标。而对于转化率 35% 这一目标，尽管没有完成，但是在复盘中发现了问题，原来他们对家长快速接受线上教学的态度太乐观了，在激发家长需求方面做得不足，因此他们在 11 个团队中挖掘到了解决这一问题的优秀经验，萃取成方法论在所有团队推广。

（四）收割阶段

借鉴华为知识收割的概念，我们认为行动学习也需要做知识收割。

1. 萃方法

萃方法是项目结束后的深度复盘，将项目在实施过程中的经验教训总结成可以供他人参考的方法论。比如新市场的拓展，需要将其中的流程、技巧，甚至是模板萃取出来，以供未来拓展其他新市场时使用。华润雪花啤酒在 2021 年的一个行动学习项目中萃取出了"决胜高端市场"的操作手册，并在全国推广复用。

除萃取项目本身的方法论外，团队还要深入反思，在问题分析与解决、思维模式、团队协作、组织运营等方面有哪些收获，举一反三，为未来解决组织难题沉淀智慧。

2. 做分享

分享是最好的学习方式，作为在重大攻坚项目中成长起来的员工，除了要求他们做深入反思外，还要将他们培养成某个领域的专家，在组织内播散智慧的种子。

当前直播手段非常便捷，不仅在项目结束后，在项目进行过程中，如果有好的经验也可以通过直播平台分享出去，不让经验浪费。正如前文所说，促进内部经验的流动是在做熵减。

3. 盘人才

作为行动学习项目，要评估参与者在项目前后的变化，项目组成员深入反思并分享在项目实施过程中自己学到了什么，改变了什么认知，突破了什么盲区。

负责人和人力资源部门也可以借此机会进行一次人才评测，选出未来可用之才，当然有些公司也会在这个过程中淘汰不合格人才。

综合以上分析，遇到探索象限的问题，领导者应该感到庆幸，这说明组织正处于关键的爬坡期，对于整个组织是一次难得的学习机会，更是重要的练兵机会。要找到那些敢于挑战苦难的优秀员工，成立攻坚小组，赋予他们资源、时间和空间，用"行动学习＋复盘"的方式扎实推进，不仅可以解决组织问题，还能为组织的规模性增长积累宝贵的知识资产。

练习工具

1. 请复述行动学习成果的具体要素。

2. 如何才能让复盘机制在贵公司落地执行？
3. 贵公司当前是否有复杂问题可以按照此象限方法予以解决？试着用下表来设计整个流程。

阶段	步骤	内容
准备阶段	定课题	要解决的具体问题是什么
	定规则	衡量该问题得以解决的标准是什么
	定人员	有哪些人员参与？如何保证大家的投入度
	定流程	准备分几个阶段？每个阶段的具体操作标准是什么
共创阶段	破题挖本质	如何引导团队深入挖掘问题本质
	发散找方案	如何激发团队找到创新性的解决方案
	收敛定计划	行动计划要细化到什么程度才能保证执行
行动阶段	真行动	在后期行动中可能的障碍有哪些？如何解决
	勤复盘	你认为合理的复盘频次是多少？如何让复盘成功
收割阶段	萃方法	该项目要萃取出哪些知识以提升组织能力
	做分享	项目结束后，要让项目组分享哪些经验放大项目收益
	盘人才	是否要在项目中盘点人才？如何盘点

第三篇小结

我们用四章阐述了组织在面临不同问题时如何用学习的方式来解决问题同时提升员工和组织的能力。这些问题的复杂程度依次为：复制性问题－萃取性问题－内化性问题－探索性问题。

复制象限将已有知识通过各种复制化的方法尤其是刻意练习的方式放大知识的价值；而其他三个象限都是要既解决问题又输出方法论，从知识管理的角度，即在解决组织问题中不断沉淀优秀知识，将能力构建在组织之上，但是问题难度不同，获取知识的方法和难度程度不同。

萃取象限将内隐于组织内部的优秀团队（部门）或员工的隐性经验显性化、标准化；然后通过复制的方法让其他团队和员工掌握，进而提升组织能力。

内化象限将组织外部的优秀知识内化为适合本组织的知识，并通过实践提升组织能力。

探索象限是在解决企业内复杂问题，一般没有现成的方法和经验可供借鉴，因此要激发集体智慧，在尝试中探索有效的解决方案，在实践中复盘出可行的操作方法。但一旦问题解决，必须放大项目成果，沉淀组织知识，将其复制推广。

本书整体框架

组织学习氛围		
学习型文化	学习型领导	学习型场域
坚定追求 开放系统 成长型思维 容错机制 沉淀方法	群体向外学习象限 群体向内学习象限 个体向外学习象限 个体向内学习象限	两类学习动机 三维学习环境 组织学习五原则

团队共学方法
（团队进步 =1.0 版本 × 刻意练习 × 复盘迭代）

知	行	思
知识体系的意义 知识体系三特征 构建体系两方法	练习要行为化 练习要目标化 练习要场域化	向上问 向后问 横向问 向下问

组织学习方法（组织学习四象限）

萃取象限	复制象限	内化象限	探索象限
定主题 找金矿 深挖矿 建结构 做细化	以考代学 以赛促训 训战结合 导师传承	五定 二推 一萃	准备阶段 共创阶段 行动阶段 收割阶段

彼得·德鲁克全集

序号	书名	序号	书名
1	工业人的未来 The Future of Industrial Man	21 ☆	迈向经济新纪元 Toward the Next Economics and Other Essays
2	公司的概念 Concept of the Corporation	22 ☆	时代变局中的管理者 The Changing World of the Executive
3	新社会 The New Society: The Anatomy of Industrial Order	23	最后的完美世界 The Last of All Possible Worlds
4	管理的实践 The Practice of Management	24	行善的诱惑 The Temptation to Do Good
5	已经发生的未来 Landmarks of Tomorrow: A Report on the New "Post-Modern" World	25	创新与企业家精神 Innovation and Entrepreneurship
6	为成果而管理 Managing for Results	26	管理前沿 The Frontiers of Management
7	卓有成效的管理者 The Effective Executive	27	管理新现实 The New Realities
8 ☆	不连续的时代 The Age of Discontinuity	28	非营利组织的管理 Managing the Non-Profit Organization
9 ☆	面向未来的管理者 Preparing Tomorrow's Business Leaders Today	29	管理未来 Managing for the Future
10 ☆	技术与管理 Technology, Management and Society	30 ☆	生态愿景 The Ecological Vision
11 ☆	人与商业 Men, Ideas, and Politics	31 ☆	知识社会 Post-Capitalist Society
12	管理：使命、责任、实践（实践篇）	32	巨变时代的管理 Managing in a Time of Great Change
13	管理：使命、责任、实践（使命篇）	33	德鲁克看中国与日本：德鲁克对话"日本商业圣手"中内功 Drucker on Asia
14	管理：使命、责任、实践（责任篇）Management: Tasks, Responsibilities, Practices	34	德鲁克论管理 Peter Drucker on the Profession of Management
15	养老金革命 The Pension Fund Revolution	35	21世纪的管理挑战 Management Challenges for the 21st Century
16	人与绩效：德鲁克论管理精华 People and Performance	36	德鲁克管理思想精要 The Essential Drucker
17 ☆	认识管理 An Introductory View of Management	37	下一个社会的管理 Managing in the Next Society
18	德鲁克经典管理案例解析（纪念版）Management Cases (Revised Edition)	38	功能社会：德鲁克自选集 A Functioning Society
19	旁观者：管理大师德鲁克回忆录 Adventures of a Bystander	39 ☆	德鲁克演讲实录 The Drucker Lectures
20	动荡时代的管理 Managing in Turbulent Times	40	管理（原书修订版）Management (Revised Edition)
注：序号有标记的书是新增引进翻译出版的作品		41	卓有成效管理者的实践（纪念版）The Effective Executive in Action

彼得·德鲁克全集

序号	书名	要点提示
1	工业人的未来 The Future of Industrial Man	工业社会三部曲之一,帮助读者理解工业社会的基本单元——企业及其管理的全貌
2	公司的概念 Concept of the Corporation	工业社会三部曲之一,揭示组织如何运行,它所面临的挑战、问题和遵循的基本原理
3	新社会 The New Society: The Anatomy of Industrial Order	工业社会三部曲之一,堪称一部预言,书中揭示的趋势在短短10几年都变成了现实,体现了德鲁克在管理、社会、政治、历史和心理方面的高度智慧
4	管理的实践 The Practice of Management	德鲁克因为这本书开创了管理"学科",奠定了现代管理学之父的地位
5	已经发生的未来 Landmarks of Tomorrow: A Report on the New "Post-Modern" World	论述了"后现代"新世界的思想转变,阐述了世界面临的四个现实性挑战,关注人类存在的精神实质
6	为成果而管理 Managing for Results	探讨企业为创造经济绩效和经济成果,必须完成的经济任务
7	卓有成效的管理者 The Effective Executive	彼得·德鲁克最为畅销的一本书,谈个人管理,包含了目标管理与时间管理等决定个人是否能卓有成效的关键问题
8 ☆	不连续的时代 The Age of Discontinuity	应对社会巨变的行动纲领,德鲁克洞察未来的巅峰之作
9 ☆	面向未来的管理者 Preparing Tomorrow's Business Leaders Today	德鲁克编辑的文集,探讨商业系统和商学院五十年的结构变化,以及成为未来的商业领袖需要做哪些准备
10 ☆	技术与管理 Technology, Management and Society	从技术及其历史说起,探讨从事工作之人的问题,旨在启发人们如何努力使自己变得卓有成效
11 ☆	人与商业 Men, Ideas, and Politics	侧重商业与社会,把握根本性的商业变革、思想与行为之间的关系,在结构复杂的组织中发挥领导力
12	管理:使命、责任、实践(实践篇) Management:Tasks,Responsibilities,Practices	
13	管理:使命、责任、实践(使命篇) Management:Tasks,Responsibilities,Practices	为管理者提供一套指引管理者实践的条理化"认知体系"
14	管理:使命、责任、实践(责任篇) Management:Tasks,Responsibilities,Practices	
15	养老金革命 The Pension Fund Revolution	探讨人口老龄化社会下,养老金革命给美国经济带来的影响
16	人与绩效:德鲁克论管理精华 People and Performance: The Best of Peter Drucker on Management	广义文化背景中,管理复杂而又不断变化的维度与任务,提出了诸多开创性意见
17 ☆	认识管理 An Introductory View of Management	德鲁克写给步入管理殿堂者的通识入门书
18	德鲁克经典管理案例解析(纪念版) Management Cases(Revised Edition)	提出管理中10个经典场景,将管理原理应用于实践

彼得·德鲁克全集

序号	书名	要点提示
19	旁观者：管理大师德鲁克回忆录 Adventures of a Bystander	德鲁克回忆录
20	动荡时代的管理 Managing in Turbulent Times	在动荡的商业环境中，高管理层、中级管理层和一线主管应该做什么
21 ☆	迈向经济新纪元 Toward the Next Economics and Other Essays	社会动态变化及其对企业等组织机构的影响
22 ☆	时代变局中的管理者 The Changing World of the Executive	管理者的角色内涵的变化、他们的任务和使命、面临的问题和机遇以及他们的发展趋势
23	最后的完美世界 The Last of All Possible Worlds	德鲁克生平仅著两部小说之一
24	行善的诱惑 The Temptation to Do Good	德鲁克生平仅著两部小说之一
25	创新与企业家精神 Innovation and Entrepreneurship: Practice and Principles	探讨创新的原则，使创新成为提升绩效的利器
26	管理前沿 The Frontiers of Management	德鲁克对未来企业成功经营策略和方法的预测
27	管理新现实 The New Realities	理解世界政治、政府、经济、信息技术和商业的必读之作
28	非营利组织的管理 Managing the Non-Profit Organization	探讨非营利组织如何实现社会价值
29	管理未来 Managing for the Future: The 1990s and Beyond	解决经理人身边的经济、人、管理、组织等企业内外的具体问题
30 ☆	生态愿景 The Ecological Vision	对个人与社会关系的探讨，对经济、技术、艺术的审视等
31 ☆	知识社会 Post-Capitalist Society	探索与分析了我们如何从一个基于资本、土地和劳动力的社会，转向一个以知识作为主要资源、以组织作为核心结构的社会
32	巨变时代的管理 Managing in a Time of Great Change	德鲁克探讨变革时代的管理与管理者、组织面临的变革与挑战、世界区域经济的力量和趋势分析、政府及社会管理的洞见
33	德鲁克看中国与日本：德鲁克对话"日本商业圣手"中内功 Drucker on Asia	明确指出了自由市场和自由企业，中日两国等所面临的挑战，个人、企业的应对方法
34	德鲁克论管理 Peter Drucker on the Profession of Management	德鲁克发表于《哈佛商业评论》的文章精心编纂，聚焦管理问题的"答案之书"
35	21世纪的管理挑战 Management Challenges for the 21st Century	德鲁克从6大方面深刻分析管理者和知识工作者个人正面临的挑战
36	德鲁克管理思想精要 The Essential Drucker	从德鲁克60年管理工作经历和作品中精心挑选、编写而成，德鲁克管理思想的精髓
37	下一个社会的管理 Managing in the Next Society	探讨管理者如何利用这些人口因素与信息革命的巨变，知识工作者的崛起等变化，将之转变成企业的机会
38	功能社会：德鲁克自选集 A Functioning society	汇集了德鲁克在社区、社会和政治结构领域的观点
39 ☆	德鲁克演讲实录 The Drucker Lectures	德鲁克60年经典演讲集锦，感悟大师思想的发展历程
40	管理（原书修订版） Management(Revised Edition)	融入了德鲁克于1974~2005年间有关管理的著述
41	卓有成效管理者的实践（纪念版） The Effective Executive in Action	一本教你做正确的事，继而实现卓有成效的日志笔记本式作品

注：序号有标记的书是新增引进翻译出版的作品